錢塘沈紹勳撰

䷪夬　乾下兌上　京氏房曰坤宮五世卦

夬說文分決也夬卦與大壯惟九五一爻爾故爻辭多用壯朱氏震曰

夬三月清明氣也故曰莧陸夬夬莧陸三月四月生也　中爻互乾

夬三月之卦也乾鑿度曰陽消陰言夬夬為言決也當三月之時陽盛

息消夬陰之氣萬物畢生靡不蒙化獝王者之崇至德奉承天命決去

上錯艮下錯坤　綜姤

夬揚于王庭孚號有厲告自邑不利卽戎利有攸往

小人以安百姓故謂之決揚發揚也指陽盛也王大也乾為君為大王

之象上錯艮杜氏預注左傳艮為門庭故曰庭王庭大庭也孚號乾實

故孚兌為口號之象亦告之象也因兌之卦位在上六今上六為兌是

陰得位言柔德可以乘陽也乾之上九九龍有悔屬之象自從也邑錯

坤坤爲邑告自邑干氏寶曰殷民告周以紂无道是也兌爲毀折故不

利卽就也來氏知德補象乾爲戎因乾兌皆金也金與金遇戎之象利

有攸往者陽剛升進之象卽後天之數乾六兌七相連往之道也

象曰夬決也剛決柔也健而說決而和揚于王庭柔乘五剛也孚號有屬

其危乃光也不利卽戎所尙乃窮也利有攸往剛長乃終也

剛乾也柔兌也健乾也說兌也兌爲附決故利柔乘五剛五爻皆陽爲

五剛柔者孚號之意剛者卽戎之意孚號雖忠忱之意然于非其君則

危道也故曰有屬使君能悔過亦光象也光指乾德之大明也尙者上

也陽也窮卽上六謂陰極也剛長指乾言因夬下乾乾金也兵之象

象曰澤上于天夬君子以施祿及下居德則忌

澤兌也天乾也程朱釋夬以澤在天下潰決之勢來氏知德駁之然其

釋亦未當紹勘按兌在西指周也乾指殷也言周之德澤在殷之上故

曰澤上于天蓋利澤下施祿卽天祿謂乾也居有之也忌者言周雖有

德可以翦商然終有以下伐上之嫌故忌之也

初九壯于前趾往不勝爲咎○象曰不勝而往咎也

初九變巽爲澤風大過䷛初在下趾之象原爻陽壯也今變爲陰不

勝之象此爻先後天同位也同位本吉然不往則能勝吉也再往則不

勝咎也大壯曰壯于趾今曰壯于前趾因變巽後天巽居先天兌位故

曰前

九二惕號莫夜有戎勿恤○象曰有戎勿恤得中道也

九二變離爲澤火革䷰變離中爻互變巽巽爲命上兌爲口號之

象號其命令惕也變離離爲日在下卦莫夜之象又離爲甲冑爲

兵戈戎也乾兌相過亦戎象今乾變離是離之戎加于乾上在兌得援

故勿恤恤憂也小象曰得中道也九二位在中故曰中道

九三壯于頄有凶君子夬夬獨行遇雨若濡有慍无咎〇象曰君子夬夬

終无咎也

九三變兌爲重兌三三頄額也翟氏玄曰面也乾卦互乾乾爲首頄居

首之正卽乾互乾之象也夬夬連用因先天卦位乾兌毗連後天亦如

之而互爲乾乾故用疊字九三變中爻變離離錯坎坎爲雨濡者過雨

之至也坎數一故曰獨行者中爻互震震爲足行之象慍憂也錯坎坎

爲憂无咎言夬小人是无咎也

九四臀无膚其行次且牽羊悔亡聞言不信〇象曰其行次且不當也聞

言不信聰不明也

九四變坎爲水天需三〇三素問云濁陰出下竅變坎爲溝瀆臀之象又

坎爲血卦臀出血无膚之象上兌兌爲羊辭曰行曰次且曰牽求之象

義未詳所取故悔亡之義不能明小象之位不當也亦不敢妄爲之解

兌爲口言之象坎爲耳聞之象又爲加憂憂則多慮故不信小象曰聰

不明也因坎爲耳痛耳痛則聰不明也

九五覓陸夬夬中行无咎○象曰中行未光也

九五變震爲雷天大壯☳☰覓陸註釋甚多或云山羊也細角廿象角

或曰馬齒也陸平地諸莱四季皆可種獨覓在三月夬三月之卦也此

二說最可採上說以上兌言兌羊也下說指時令言豬姤之五月

卦取象瓜也夬夬因卦體爲澤天夬今變震中爻兩互又爲澤天夬故

·曰夬夬又震爲大塗行之象中九五在中也五以陽居陽位得正位

故无咎小象曰中未光也九五雖居正位然上一陰掩之故曰未光每

見羊二月生者易長羊生二十八日能食草其時適覓可食之時

上六无號終有凶○象曰无號之凶終不可長也

上六變乾為乾為天☲☷兌為日號之象今變乾乾天下之至健者也

故无號終易例上為終小人在位讒詔面諛之人以徼

戒之故終必有凶小象曰不可長也長者息也言陽終不可息也

䷫姤　巽下乾上　後天對待之卦位也京氏房曰乾宮一世卦

姤古文作媾遇婚媾也以女遇男之象朱氏震曰姤五月夏至氣也故

曰以杞包瓜王瓜生于四月中氣故也　中爻互乾　上錯坤下錯艮

綜夬

姤女壯勿用取女

姤五月之卦也女壯巽為長女故曰壯取娶古今字姤五月夏至氣故

爻言以杞包瓜

象曰姤遇也柔遇剛也勿用取女不可以長也天地相遇品物咸章也剛

遇中正天下大行也姤之時義大矣哉

6

過與取不同吳氏澄曰女之邂逅而與男遇爲姤長卽消息之息也天

地相遇同姤復相對姤五月卦一陰始生復十一月卦一陽初生一爲

夏至之午一爲冬至之子故曰相遇午離也南離之光所照耀萬物相

見故曰品物咸章也剛乾也中正指九五也

象曰天下有風姤后以施命誥四方

天之於物也以風后之於民也以命施其命令以布告四方象稱后惟

姤而已

初六繫于金柅貞吉有攸往見凶羸豕孚蹢躅〇象曰繫于金柅柔道牽

也

初六變乾爲純乾三爻巽爲繩直繫之象變乾乾爲金柅者飾物以木

爲之下卦巽巽爲木柅象也柅塗以金故曰金柅荀氏爽曰絲繫于柅

猶女繫男陰氏宏道曰蒼頡篇柅作㭰柎㭰也小象言牽卽繫之義柔

指巽也貞吉有攸往指姤之本卦言見凶指變乾言因乾與乾遇復道

也復則凶羸宋氏衷曰大索所以繫豕者也豕性淫姤也雖孚亦不安

九二包有魚无咎不利賓○象曰包有魚義不及賓也

也巽爲股又爲進退蹢躅之象

九二變艮爲天山遯此爻先後天同位故无咎上乾互乾乾爲天

包之象巽爲魚此言女主中饋之意中饋治庖庖者亦包羅萬象之所

也女主中饋本可利賓然在姤時尚非其時故曰不利賓小象言義義

者定分之謂

九三臀无膚其行次且屬无大咎○象曰其行次且行未牽也

九三變坎爲天水訟巽爲股三居巽之上變坎坎爲溝瀆臀之

象見夬九四无膚則血出因坎爲血卦故也巽爲進退爲不果臀出血

則坐不安行不進次之象馬氏融曰次郤行不前也且語助也然尚不

至于亡身故雖属无大咎小象曰行未牽也巽為繩直牽之象今巽已

變故曰未牽行卽其行次且之行也

九四包无魚起凶〇象曰无魚之凶遠民也

九四變巽為重巽䷸巽為魚乾為天包之象今乾已變而中爻義變

離離中虛是包无魚也起動也因動變重巽反復其道故凶小象曰遠

民也易以陰為民乾陽變陰遠民之象遠民猶无魚也

九五以杞包瓜含章有隕自天〇象曰九五含章中正也有隕自天志不

舍命也

九五變離為火風鼎䷱子夏傳曰杞梓連抱瓜陰實而蔓生象陰之

來綿未已馬氏融曰杞大木也鄭氏玄曰杞柳也朱氏震曰杞似樗

大而陰包匏也子曰吾豈匏瓜也哉為能繫而不食卽包瓜之意也包

者瓜之繫于杞也中爻互乾乾天也瓜附于杞猶人之附于天也月令

四月王瓜生鼎為六月卦也在六月瓜熟故隕若自天

而隕也變離離有文章之象乾錯坤坤為咨齎含之象小象曰中正也

九三得位故曰中正不舍命也舍棄也先天之乾即後天之離命猶令

也乾離同位猶同命也不舍之象

上九姤其角吝无咎○象曰姤其角上窮吝也

上九變兌為澤風大過易例上為角兩角相觸而不能容咨之象

小象曰上指上九言上處極故曰窮

萃　坤下兌上　京氏房曰兌宮二世卦

萃聚也說文草貌　中爻互巽互艮　上錯艮下錯乾　綜升

萃亨王假有廟利見大人亨利貞用大牲吉利有攸往

王大也坤錯乾乾為大故曰王假古通嘏錯艮艮為門闕為閽寺廟之

象九五中正之大人二以陰居陰位故為離之正位離見也故曰利見

大人上亨字指卦德下亨字乃利見大人也利貞因正而利也用以也

坤爲牛大牲也古者國有大事必告于廟告于廟則利用祭祀所以聚

人也今春秋報社猶是萃之遺風故易之言祭祀者均有聚人之意是

萃之聚卽以聚民也乾坤鑒度曰聚民以萃故萃之六爻皆无咎聚民

善事也是以无咎猶謙之六爻皆吉意同利有攸往者後天卦位坤兌

毗連往之象也

象曰萃聚也順以說剛中以應故聚也王假有廟致孝亨也利見大人亨

聚以正也用大牲吉利天命也觀其所聚而天地萬物之情可見矣

順坤也說兌也剛中指九五應指六二二爻皆得位則卦德備致者項

氏安世曰古語謂亨之豐者爲致孝王以廟之祭祀聚人使人利見王

大人卽王也觀其所聚觀王之聚民也王于聚民以察民之情僞以明

天地之情則事皆畢見矣是以民情察天地之情也取天下歸往爲王

之意

象曰澤上于地萃君子以除戎器戒不虞

澤兌也地坤也除同儲王氏蕭曰猶修治六二離得位離為甲冑為兵

戎器也戎備也虞安也下坤闔戶之象上兌曰入而闔戶

備不虞也除戎器戒不虞非一人之事故取象以萃

初六有孚不終乃亂乃萃若號一握為笑勿恤往无咎○象曰乃亂乃萃

其志亂也

初六變震為澤雷隨䷐此爻後天對待之位也故勿恤又往无咎與

四爻應故有孚且大象似坎亦有孚象然上六為陰爻故曰不終觀民

之心即王者自觀其德能及于民使眾感化為萃之大要此爻對待已

出于人為與先天之自然有別坤為迷令變為震震動也動于迷是亂

也坤又為眾萃也眾民之時雖不能整齊嚴肅若出一令以號于眾而

民信服之因兌爲口號之象變震震善鳴亦號象也中爻互巽巽爲命

一者坤錯乾乾先天之數一又坤爲後天之數一坎亦一數也互艮艮爲

手說卦民爲指先天之數一遇後天之數一互以艮握之象變震震之

初九笑言啞啞笑象也恤憂也上兌兌說也互艮艮止也止其憂即說

也若萃之時其狀亂在上者察民情於一握之間其民笑樂是上下合

而爲一之象也故勿恤往則无咎小象曰其志亂也凡卦對待則合志

然震動于坤迷故曰亂

六二引吉无咎孚乃利用論○象曰无咎中未變也

六二變坎爲澤水困䷜二爻坎爲弓艮爲手引開弓也開弓以手凡射物

必專心致志以物爲的然後可中猶萃之聚民必以誠然後可得民心

也此爻先後天同位同位則一致故无咎變坎坎之卦辭有孚故曰孚

且二五相應又爲孚象項氏安世曰乃者難辭也論馬氏融曰殷春祭

一七

也漢書郊祀志作淪以水賛物也坎爲水淪坎又爲隱伏鬼神

之象故利用淪言能以誠格之不必用牛亦可祭因變坎則坤之牛已

可不用故也小象曰中未變也中指六二言坎坤先後天亦同位故曰

未變

六三萃如嗟如无攸利往无咎小吝〇象曰往无咎上巽也

六三變艮爲澤山咸䷞此爻先天對待之卦也故无咎上兑兑爲口

嗟之象變艮艮止也故无攸利中爻互巽巽爲股又入也人之萃必以

股故曰往小象曰上巽也因中爻上互巽故曰上巽孔子於此著象明

以互體示人也

九四大吉无咎〇象曰大吉无咎位不當也

九四變坎爲水地比䷇此爻先後天同位故吉其辭簡待人自悟耳

且中爻互變爲艮爲坤艮坤又後天對待吉之爻吉故曰大吉比之象

曰先王以建萬國親諸侯是萃之至亦大吉之兆也然尚非九五之位

居多懼之地故曰无咎文王三分天下有其二以服事殷能萃而不自

以爲萃也小象曰位不當也四爲巽之正位巽屬陰當以陰居陰位今

陽居之故曰不當爻雖大吉僅得无咎而已雖以文王居之猶爲位不

當也

九五萃有位无咎匪孚元永貞悔亡○象曰萃有位志未光也

九五變震爲雷地豫䷏變震與兌後天對待故曰无咎九五陽之位

又爲乾之正位變震則帝出乎震似可履帝位矣然乾之正位已變是

有其德而无其位不足見信于人故曰匪孚孚指中爻坎言也匪孚則

悔生必能合乾之元坤之永貞固守其德則悔亡小象曰志未光也虞

氏翻曰陽在坎中故志未光

上六齎咨涕洟无咎○象曰齎咨涕洟未安上也

上六變乾爲天地否☷☰此爻先天對待之卦也然否之同位與泰巽

泰則以乾加坤上坤加乾上故吉否則乾仍爲乾坤仍爲坤故无咎而

已齎咨馬氏融曰悲聲怨聲涕洟鄭氏立曰自目曰涕自鼻曰洟當兌

之口故有此象項氏安世曰齎咨兌口之歎也涕洟兌澤之流也如文

王拘幽之時思格其君心之非至於齎咨涕洟忠愛之至也小象曰未

安上也上指上爻亦人君失位之象萃六爻之變其內外卦位无一不

同位對待其氣聚萃之義也

䷭升　巽下坤上　先後天同位之卦也京氏房曰震宮四世卦

升說文昇日上也　中爻互兌互震　上錯乾下錯兌　綜萃

升元亨用見大人勿恤南征吉

升鄭氏玄作昇謂木生地中日長而上故謂之升升陰卦也九居二六

居五故元亨用見大人因六五五離離爲目見之象然卦體離未見故

曰用見與利見有別或云六五爲陰柔非陽剛之位故曰用其義亦通

恤憂也中爻互兌說也故曰勿恤南征吉胡氏煦引來氏知德易遡

野同錄以由巽轉坤爲南行謂後天圖二卦皆南也然有升義无吉義

也須知吉字卽在南征字中殊不知林黃中早已言之謂巽東南坤西

南自巽升坤必涉乎離離南方也自南而征斯爲善矣其實合先後天

言之巽坤同位皆與離比中爻所互之兌震在先天之位亦與離比今

後天離居乾位巽坤又在離之左右此卦氣之流行繫傳所謂引而伸

之觸類而長之是也征進也南征者進于南位也由巽而進坤非升于

離不可升于離卽南征也由坤而退巽亦非萃于離不可萃于離亦南

征也以先後天相綜之理觀之其關鍵在離此則升之要旨也

吉志行也

象曰柔以時升巽而順剛中而應是以大亨用見大人勿恤有慶也南征

柔巽坤皆陰卦故曰柔順坤也剛中而應言在陰卦六五九二二爻得

中應之道也有慶者坤之象曰乃終有慶也志指先後天同位也行進

也南征卽上進也

象曰地中生木升君子以順德積小以高大

順坤也德卽坤德也高巽爲木木者自小而高大木生地中象萬物之

生皆如此惟木易見耳人之進德修業亦如是積小高大升而上之之

意

初六允升大吉○象曰允升大吉上合志也

初六變乾爲地天泰☷☰爻此爻先天對待之卦位也且坤巽先後天又

同位故大吉允信也史氏徵曰當也李氏光地曰巽一陰始生于下則

升之始也象以地中生木則初木之根也其實上互震震雷出地有升

之象小象曰上合志也上卽上坤也坤與巽先後天同位爲合志今變

乾乾與坤先天對待亦合志也

九二孚乃利用禴无咎○象曰九二之孚有喜也

九二變艮爲地山謙䷎此爻後天對待之卦也故无咎孚者指岐民

和洽也見乾鑿度義參萃之六二小象曰有喜也中爻互兌兌說也故

有喜象

九三升虛邑○象曰升虛邑无所疑也

九三變坎爲地水師䷆此爻先後天同位也陽變陰陰爲虛又坤爲

邑荀氏謂五虛无君卽祀神之所故爲虛邑魂氣之所升也小象曰无

所疑也同位則合志本无所疑然變坎坎爲加憂故疑然上互震今變

坎下互亦變爲震震動也疑已動故无所疑

六四王用亨于岐山无咎○象曰王用亨于岐山順事也

六四變震爲雷風恆䷟此爻先天對待之卦位也故吉无咎震爲侯

擬文王也用震者周尚未王也中爻互震震綜艮艮爲山又巽爲高高

于木者山也岐山在西互兌兌西方之卦也坤爲牛所以祭祀亨祭畢

而亨也小象曰順事也順坤也即坤事也

六五貞吉升階○象曰貞吉升階大得志也

六五變坎爲水風井☴☵變坎坎坤先後天同位也故吉上坤故曰貞

吉坤爲土坎爲通升階之象階即天子之陛階也文王之德可以代殷

以是擬之小象曰大得志也大陽也變坎爲陽同位故得志

上六冥升利于不息之貞○象曰冥升在上消不富也

上六變艮爲山風蠱☶☴變艮乾坤鑿度曰艮爲鬼冥門又曰艮靜如

冥不顯其路是也又艮止也是上无可升之路若求升不已冥之象宜

急流勇退方爲知幾之君子不息即消也因上六變艮爲陽故不息言

文王之德三分天下有其二足以代殷然猶以爲未足而猶順德不息

20

也貞卽坤德永貞之貞也小象曰上卽上六之上也消卽消息之消承

爻辭之息言也不富六五陰爻中虛故不富

三三困　坎下兌上　先後天同位之卦也京氏房曰兌宮一世卦

困窮厄委頓之名坎險也故困兌爲毀折亦困象朱氏震曰困九月霜

降氣也故曰株木曰蒺藜秋成也　中爻互離互巽　上錯艮下錯離

綜井

困亨貞大人吉无咎有言不信

亨貞二字一義是身雖困而道亨身雖困而守貞是也大人指有

德之人也大人能亨貞故吉先後天同位故无咎有言不信兌爲口故

有言坎爲耳痛故不信卽耳不聰也

象曰困剛揜也險以說困而不失其所亨其唯君子乎貞大人吉以剛中

也有言不信尙口乃窮也

剛坎陽也剛撁者謂剛爲兌陰所撁也撁同掩坎險也兌說也困時本

无所亨唯君子能之言小人所不能也剛中者二五皆陽爻故也剛中

爲大人之所吉亦卽君子之所亨也君子之所亨隱居求志而已大人

之所吉如文王演易于羑里處極困之時猶能剛中自以韓氏愈拘幽

操曰目撁撁兮其疑于盲耳蕭蕭兮聽不聞聲合此象之意尚口乃窮

者矜伐也兌爲口而在上故曰尚口而坎陷之窮之象卽困也繫

傳曰亂之生也言語爲之階卽此意也

象曰澤无水困君子以致命遂志

澤兌也水坎也致命猶言授命也中爻互巽巽爲命坎爲險致命之象

遂志者卽兌說之意

初六臀困于株木入于幽谷三歲不覿○象曰入于幽谷幽不明也

初六變兌爲重兌三三爻坎兌本先後天同位今變兌是反也兌反于坎

坎爲溝瀆臀之象又爲隱伏又陷也坎之初爻入于坎窞幽谷不覿之

象株說文木根也木已伐秋象也坎錯離離爲科上槁之木故曰株木

中爻互巽巽入也三歲亦指錯離言離數三故曰三歲此文王囚于姜

里之象文王于紂辛丁巳十有一祀囚羑里己未十有三祀始赦正三

歲也

九二困于酒食朱紱方來利用亨祀征凶无咎○象曰困于酒食中有慶

也

九二變坤爲澤地萃☵☱此爻先後天同位也故无咎然坤由坎來坎

險也故征凶凡易言酒食皆坎象困于酒食因中爻互離離其于人也

爲大腹大腹能容酒食小象中有慶也言坤在酒食之時有慶之事也

九二易例爲中兌說也有慶之象朱紱方來中爻互離按荀九家離爲

朱巽爲絲紱之象方者坤也方來者言朱紱由坤而來也又坤爲牛牛

為大牲亨祀之品也乾鑿度曰至于九二周將王故言朱紱方來不易

之理也

入于其宮不見其妻不祥也

六三困于石據于蒺藜入于其宮不見其妻凶〇象曰據于蒺藜乘剛也

六三變巽為澤風大過䷛此爻先後天同位之卦也本吉因變大過

有棟橈之象故凶上錯艮艮為石又艮為手據之象荀九家坎為蒺藜

孔疏蒺藜之草有剌而不可拔中爻變互巽巽入也宮荀九家坎為宮

大過棺槨之象此宮字非宮室之宮乃棺槨也古人指棺槨為幽宮是

也互離離為目見之象今離已變不見之象坎為死不見其妻言妻死

也小象曰乘剛也六三變乾乾陽也故曰剛乾與坎均馬象故曰乘詳

見屯之六二不祥也上兌兌為羊祥從羊妻死是不祥也釋見繫傳第

五章大過在游魂之中柔而至剛者也其氣至不和而鬼象生焉因陰

中含陽故也

九四來徐徐困于金車吝有終○象曰來徐徐志在下也雖不當位有與
也

九四變坎爲重坎☵☵變坎上兌與坎先後天同位也然重坎故吝坎

水也來者如水之來也徐徐馬氏融曰安行貌重坎故用疊字中爻互

巽巽爲進退爲不果故曰徐徐金邵氏補象兌爲金變坎坎爲輿車之

象又坎其于輿也爲多眚故困昏禮諸侯親迎乘金車中爻變互艮艮

者萬物之所成終故曰終小象曰志在下也志指同志言在下指坎言

下坎故曰下且坎爲下首亦下也雖不當位四以陰居陰位爲巽之正

位今陽居之故曰不當位有與也者凡陰陽相應曰與四雖不當位然

與初六相應

九五劓刖困于赤紱乃徐有說利用祭祀○象曰劓刖志未得也乃徐有

說以中直也利用祭祀受福也

九五變震為雷水解□□□兌為毀折今變震為足震錯巽巽為臭鼻

者臭官也足臭毀折劂刖之象此以擬紂之重為刑辟如斯朝涉之脛

是也困于赤紱史氏襄曰朱之與赤終不容无辨又於君位言赤而于

臣位言朱上下互易義必有召竊疑程子為是史氏補義頗有所見不

知乾鑒度已早言之謂文王在諸侯上困于紱故曰困于赤紱易之用

字无一字不有深意豈獨公穀之解春秋祇以錯文見義而已哉按乾

為大赤此爻无乾何以有赤因九五乾之正位也此赤字自正位而來

也徐指互巽言巽為進退為不果徐之象說兌也乃徐有說紂釋西伯

因獻洛西之地請除炮烙之刑紂大喜許之是也下坎坎為鬼變震震

虞氏翻逸象為祭故曰祭祀小象曰志未得也兌震後天對待之卦位

也然下有坎故曰志未得也以中直也九五得位為中直受福也兌說

也福之象

上六困于葛藟于臲卼曰動悔有悔征吉〇象曰困于葛藟未當也動悔

有悔吉行也

上六變乾爲天水訟☷☰易例上爲高葛藟纏繞不已依附于上貌小

人之于君也指互巽言臲卼荀氏爽曰不安貌言民心浮動也坎險之

象也曰朱氏震曰兌口象兌爲上六之正位故无悔今變乾是動則有

悔也且兌爲毀折乾爲天天行健亦動悔之象若能有悔則征吉征進

也悔則可出困是困極而享之機也小象曰未當也上六陰位今變爲

陽故曰未當吉行也吉指征吉也其吉故曰吉行

井說文八家一井井從水坎屬坎陷也水之陷莫如井　中爻互兌互

離　上錯離下錯震　綜困

䷯井　巽下坎上　京氏房曰震宮五世卦

井改邑不改井无喪无得往來井汔至亦未繘井羸其瓶凶

井綜困中爻互離中虛爲市邑之象坎爲水巽爲繩又爲繩直取水

以風以繩直者井也今變井是邑雖改而井不變故曰改邑不改井坤

爲邑今邑由離而來非出于坤也坤有得朋喪朋之象今卦體无坤是

爲无喪无得往來者巽五坎六巽以坎爲來坎以巽爲往往來者狀人

也古之井田之制八口之家授田百畝中有公田公田之中有井焉爲

八家飲食灌溉之需田固井形而其中復有井故曰井井是以鄭氏玄

以法釋井井有一定之禮法上下可守如井之水引汲不窮也汔至亦

繘綆也汲水之用因巽爲繩直繩入水中繘之象羸敗也中爻互兌兌

爲毀折羸之象瓶貯水具也水未滿離之象水已滿坎之象水涸未繘

而瓶羸是不能養人也故凶

象曰巽乎木而上水井井養而不窮也改邑不改井乃以剛中也汔至亦

28

未繘井未有功也羸其瓶是以凶也

巽風也水坎也以風上水藉風力以上水係一種器具張布如八卦置

井上或水畔順風之方向使水上行人可不勞而水自至今北地猶有

此器具以灌溉農田故曰養而不窮養者養民也剛中指九二九五兩

爻也功指五言也

象曰木上有水井君子以勞民勸相

木巽也水坎也坎為勞卦勞民者使民作井以養之也勸者中爻互兌

兌為口舌勸之象人情喜逸而惡勞故勸之相者相其陰陽也中爻互

離離為目相之象作井之道在相陰陽則井不涸如木上有水其下必

有泉此即相也勸與相為兩事

初六井泥不食舊井无禽○象曰井泥不食下也舊井无禽時舍也

初六變乾為水天需☳☵初居最下又巽入也泥之象卦變為需需之

九三需于泥井泥象巽為風又為繩直今變為乾則巽已无用不可汲

水矣泥也中爻互兌為口食之象需為飲食宴樂今初六尚未及互

卦不食之象也禽轆轤也汲水之具今北地猶有此稱因汲水時有聲

如禽鳴故也轆轤以繩以木皆巽象也或曰巽為雞禽也轆轤上飾以

禽故曰禽小象曰下也初爻為下時舍也言此時之井已舍而不用也

故干氏寶以殷之未喪師釋舊井是也

九二井谷射鮒甕敝漏○象曰井谷射鮒无與也

九二變艮為水山蹇三○艮為山坎陷也谷之象井似谷井之泥也說

文泉出通川為谷鮒子夏傳謂蝦蟇也朱氏震曰井五月之卦故有蝦

蟇井生蝦蟇其泥可知離為鼈為蟹為蠃為蚌為虛中之物也蝦蟇亦

虛中之物也射蝦蟇之躍也因坎為弓射之象甕貯水器中爻互兌兌

為毀折敝之象上坎水在上漏之象朱氏震曰兌為口離為腹器在井

中有口有腹且大者甕也朱氏解甕頗合唯甕者井傍之器非井中之

器甕不可入井中且接初六言是甕在井傍无疑小象曰无與也二雖

剛中象泉然无應與故曰无與此爻言紂之穢德也

九三井渫不食爲我心惻可用汲王明並受其福○象曰井渫不食行惻

也求王明受福也

九三變坎爲重坎䷜䷗渫荀氏爽曰去穢濁清潔之意也向氏秀曰渫

者浚治去泥濁也兌爲口食之象今已變不食也坎爲心疾惻憂也

坎爲加憂惻之象變坎錯離爲王又離爲日明之象中爻互變艮艮

爲手受之象兌說也福之象言王能勞民勸相如井渫之可食能養人

于无窮卽人民受王之福也小象曰行惻也中爻互變震震爲足爲大

塗行惻者非我自惻也乃行道之人之惻也求者時人希文王

伐紂則殷民皆受其福也井卦內卦言去污以象殷也外卦言滌新以

象周也

六四井甃无咎○象曰井甃无咎修井也

六四變兌爲澤風大過☰☴ 此爻先後天同位之卦也故无咎甃飾也

即以磚修井也馬氏融曰爲瓦裏下達上也中爻互乾乾爲圓井甃之

象上兌口也井之象甃以磚因兌錯艮艮小石磚似小石下巽巽爲工

人工之石即甃也小象曰修虞氏翻曰治也

九五井洌寒泉食○象曰寒泉之食以中正也

九五變坤爲地風升☷☴ 此爻先後天同位之卦也故言因而不言果

井洌是井已治水已可食洌說文淸也寒泉者井五月之卦其時陽氣

在下故水寒井內之水夏寒冬煖因陰陽升降故也上兌兌爲口食之

象井以潔爲貴道以中正爲貴九五雖不言吉而吉可知故小象曰以

中正也

上六井收勿幕有孚元吉〇象曰元吉在上大成也

上六變巽爲重巽爻三二上六爲兌之正位變巽又與兌先後天同位故

元吉收成也項氏安世以爲收者井口之名也兌爲口故也變巽巽爲

繩直又爲進退汲取己成是井已全治也幕覆井具也勿幕言井人人

可用不私爲己有博施濟衆之意小象曰上上卽上爻也成卽收也大

成言井功全治也

三三革　離下兌上　京氏房曰坎宮四世卦

革馬氏融曰改也說文獸皮也又變也　中爻五巽互乾　上錯艮下

錯坎　綜鼎

革已日乃孚元亨利貞悔亡

革居序卦之四十九卽太衍之數去一不用革也革之卦當與乾卦六

爻參觀之乾六爻之變均在革卦上下卦及互卦之中可知凡卦之變

无一非革也然在變卦上陽下必變陰下陽上必變陰惟乾與革坤與

蒙其己日乃孚己在先後天均无定位然因時而動使先後之位均各

易位實己之革也故曰己日乃孚不言戊而言己離兌有定位戊己无

定位依附于陰卦陽卦而己蓋先天之乾即後天之離離何以能變乾

己之作用也離乾同位是先天變後天是以己變先天也革之象也兌

爲毀折毀折革也離中虛心之象革在心爲上若徒以面革反爲召亂

而己非革之道也己孚信也己屬土土者信也納甲離納己己爲土土位

乎中易道貴中故曰孚革言元亨利亨因乾之變爲巽離兌今革卦亦

乾含巽離兌戊己隨陽隨陰如乾元之无往不利也然革得當故悔亡

象曰革水火相息二女同居其志不相得曰革己日乃孚革而信之文明

以說大亨以正革而當其悔乃亡天地革而四時成湯武革命順乎天而

應乎人革之時大矣哉

水坎也火離也息焉氏融曰滅也以水制火滅也離中女兌少女互乾

若二女一夫之象不同志也故曰不相得孚即信因革上

兌兌為言故也文明離也說兌也亨者指離言正指乾言革又互巽巽

為長女雖羣陰攜難而乾剛足以制之當者指三五爻得位也得位故

當革而當故悔亡革而不當故凶也天地革言天地雖无心然視人心

而轉移天地即陰陽也天地失道則陰陽不和人失道則陰陽亦不和

故古聖賢之能事在變理陰陽如春夏秋冬四時各循其序以順革道

而已言湯武革命與唐虞受禪有別順天應人為革逆天拂人為亂革

者實不得已之舉也雖拯民水火撥亂反正之機而其時猶未至大同

也故僅言其時未言其用因互卦之中无離未得水火之大用也至九

四而其用始見

象曰澤上有火革君子以治歷明時

澤兌也火離也治歷明時因革之節氣在驚蟄春分之間天氣始利由

此而至夏至日在離秋分日在兌故離在下而兌在上

初九鞏用黃牛之革○象曰鞏用黃牛不可以有爲也

初九變艮爲澤山咸䷞此爻先天對待也故有辭而无貞勝離在上

離爲牝牛中含己土故色黃變艮艮者固也鞏之象艮又止也牛之革

鞏之止也小象曰不可爲卽艮止之意

六二巳日乃革之征吉无咎○象曰巳日革之行有嘉也

六二變乾爲澤天夬䷪乾與離先後天同位也故曰征吉无咎離中

納己土今變乾乃戊土也故曰巳日乃革離爲日故曰巳日言至巳日能

革乾也今變乾乾納戊不能革乾必己乃可小象曰行有嘉也行進

也卽征也變乾進于乾也故曰嘉卽乾之文言曰亨者嘉之會也之意

乾以亨爲火禮也今此爻由離變乾正合亨義得嘉之旨

九三征凶貞厲革言三就有孚〇象曰革言三就又何之矣

九三變震為澤雷隨䷐此爻後天對待本吉而征凶貞厲者何也征

進也貞居也先天之卦乾一兌二離三震四卦體皆備均生數也乾變

離兌變巽離變震震變艮今革卦皆備九三亦上爻也亦為卦之極故

進則凶居則屬而已矣言者兌為口九三應上之兌故曰革言就即也

又成也先天離數三後天震數亦三後天易先天革也三與三遇即也

又互艮成言乎艮故曰成有孚指離言小象曰又何之矣又指後天之

震也之變也先後同位何所之也小象用矣字僅此一爻

九四悔亡有孚改命吉〇象曰改命之吉信志也

九四變坎為水火既濟䷾變坎先後天皆對待之位也故悔亡坎習

坎有孚故曰有孚兌與坎又先後天同位故吉中爻互巽巽為命令改

坎中爻互亦變坎中爻之乾又變離亦先後天對待故曰改命吉因離

己成功兌金又革故曰改張氏浚曰以我明德易彼昏德故曰改命吉

正合爻體學者薄張氏之爲人以爲費解然君子不以人廢言其理固

可采也蓋明德言離也昏德言坎也小象曰之卽之變之之也信志也

坎有孚信也志指對待同位言

九五大人虎變未占有孚○象曰大人虎變其文炳也

九五變震爲雷火豐☲☳此爻先後天同位也兌居西方之位上值昴

宿白虎虎之象又震後天之數三離後天之數九春秋斅異郵曰三九

二十七七者陽氣盛故虎七月而生首尾長七尺今虎由震變而來故

曰虎變九五乾之正位故爲中正之大人湯武是其人也九五言大人

者惟乾革兩卦乾之九五是大人居正中之位故其象爲龍飛堯舜是

也革之九五是大人在革命之際故其象爲虎變湯武是也中爻互乾

互之乾在二陰卦之中指无道之君也變震則中爻互變兌兌爲毀折

君位已毀折是革也若在位者悟世之將革以施命告四方遷善改過

則革之機因此而消也革錯蒙蒙之初筮告故曰占變震故曰未占小

象曰其文炳也應離離爲文明又離爲火炳也故曰文炳言改舊觀也

上六君子豹變小人革面征凶居貞吉〇象曰君子豹變其文蔚也小人

革面順以從君也

上六變乾爲天火同人☲☰此爻先後天同位之卦也君子若伊呂是

也豹虞氏翻以艮爲豹兌錯艮艮中有寅朱氏震以箕爲豹箕屬寅故

也較虞氏爲尤詳上六變卽豹之變兌爲妾小人之象易例面爲上小

人不如君子不能心革惟面革而已面革者貌似革而心實未嘗革也

小象曰其文蔚也炳與蔚有輕重之別炳則昭如日月蔚則斐然成章

而已順以從君也變乾互乾乾爲君小人陰類乾錯坤也又坤順也順

以從君卽坤以從乾也革卦之變六二之夬綜得姤上六之同人綜得

大有互卦乾巽得小畜綜則得履細玩卦體革者革乾而已乾為卦之

首惟革能革之即去一不用之意革錯井浚井是井已泥去其汚復舊

也革改也如河流改道另闢新渠也此井與革之別也故井則人君能

中興而宗社可不亡如少康盤庚是也革則人君不悔過則神器必變

易如桀紂是也爲人君者可不畏哉

鼎䷱　巽下離上　京氏房曰離宮二世卦

鼎象也又烹飪之器　中爻互乾互兌　上錯坎下錯震　綜革

鼎元吉亨

乾統三女中爻互乾與離先後天同位也互兌與巽亦先後天同位也

故元吉鼎與井同功皆能養人也井畜水鼎則具水火之功用故井上

六曰元吉鼎卦亦言元吉古人釋鼎以三足兩耳取象離數三象三足

然離在上非足也至兩耳今之宗虞氏易者以震為耳然虞氏逸象无

震為耳雖有震為響為音惠氏棟云震為鼓故為音虞氏又謂震為應

惠氏注又云鄭注曲禮曰雷之發聲物不同時應者云是響音應雖耳

可聞然亦非耳象也虞氏釋六五以坎為耳初爻至五爻大象似坎故

取耳象然鼎耳在上今大象在下亦非也或又以中互之兌似兩耳然

其上尚有一陽亦豈可以之象蓋乎則以三足兩耳釋鼎非的論也蓋

鼎之成象在互卦之中故非明互卦之理則不能釋鼎鼎為金屬之器

也中爻互乾乾金也又互兌兌亦金也言成鼎非金屬不可上離離中

虛中能容物也下巽巽為木以木生火煑物鼎中則熟以養人也故象

曰以木巽火烹飪也兌在後天有辛辛為五味之一辛者兌中所容之

物也禮記曰秋之日其臭腥其味辛西方殺氣腥也許氏慎曰未熟之

氣腥也西方金之氣象此味辛者物得辛乃姜殺也亦云故新之辛也

故物皆盡新物已成故曰新鄭氏玄又以五味酒苦苦味者南方主長

養也五味須苦乃以養之上離離南方也皆烹飪時調和各物之氣者

也亨者卦德也言烹飪之功人皆用之故亨

象曰鼎象也以木巽火亨飪也聖人亨以享上帝而大亨以養聖賢巽而

耳目聰明柔進而上行得中而應乎剛是以元亨

象即鑄鼎象物鼎之大者也取其鎮重守之亨象如成王定鼎于郟鄏卜世

卜年欲人于變革之後以鎮重守之亨飪之鼎鼎之小者也所以養民

也聖人亨是言知亨之理也亨之理若何在祭祀賓客亨上帝祭祀也

養聖賢賓客也大亨項氏安世曰大亨非尊大之也大猶廣也多也天

下聖賢非一人不廣且多不足以養之巽順也離爲目錯坎爲耳耳目

之官皆以心爲之導心巽順則无所蔽故目明而耳聰柔陰也巽也上

離亦柔也故曰上行二五爲中陰卦六五柔得位以應九二之剛也有

德有位故元亨

象曰木上有火鼎君子以正位凝命

木巽也火離也中爻互乾互兌後天離居乾位巽居兌位故曰正位巽

為命凝作鑄字解言有誥命命鑄于鼎也

初六鼎顛趾利出否得妾以其子无咎〇象曰鼎顛趾未悖也利出否以

從貴也

初六變乾為火天大有三三爻此爻先後天同位之卦也故无咎初在下

趾之象否宿穢也鼎在初六尚未有實然亨飪之初恐有否積之物于

是顛倒其鼎而滌之去其舊之否也下巽本入也今變為乾出之象故

曰利出否互兌為妾今變乾乾夫也是妾與夫遇兌錯艮艮為少子

也此爻以鼎喻商器顛趾喻商之將亡也初帝乙妾生微子帝乙以微

子賢欲立為太子太史據法力爭乃立紂為後爻辭之意似謂若微子

得立殷祚或可不亡也故小象曰未悖也言立妾之子權也以從貴也

妾賤也從貴者母以子貴之義易例初爻爲陽位今陰位賤也變陽位

故曰從貴

九二鼎有實我仇有疾不我能卽吉○象曰鼎有實慎所之也我仇有疾

終无咎也

九二變艮爲火山旅䷷九二剛中如鼎之有實爻辭用韻語與初六

同或是引殷末謠諺誹紂者之辭有實似言紂卽位也互乾爲木果實

之象我者殷人自謂也仇害也下巽巽爲木今變艮艮土也木克土仇

也相克故有疾卽就也不我能卽者言紂之措政違悖民心聖賢皆去

之也言亂世高爵厚祿足以致禍然我能愼其所之如疾而不與

之相卽則吉小象言之之卽變也言終艮爲萬物之所成終故曰終

九三鼎耳革其行塞雉膏不食方雨虧悔終吉○象曰鼎耳革失其義也

九三變坎爲火水未濟䷿此爻辭似亦引用古謠諺變坎坎爲耳此

爻兩坎如鼎之兩耳所以舉鼎也中爻互兌互乾今乾變離兌與離有

革卦象也故曰鼎耳革革敝也舉鼎以耳變坎則中爻互變離上又為

離火勢熾矣是鼎不能舉也行者物之汁行塞者物乾而不通也離為

雉坎為膏上互兌兌為口食之象今兌已變故不食則雉成膏何可食

也坎為雨雨則有水可以濟其塞方者指本爻之動也故虧悔坎為後

天之終故終吉小象曰失其義也金為義乾變是无金亨飪之水火不

可太過不可不及今火熾以害金失其義猶言失其乾也此言紂之求

九四鼎折足覆公餗其形渥凶○象曰覆公餗信如何也

足欲也

九四變艮為山風蠱䷑中爻互兌兌為毀折今變艮則互變震震為

足折足之象又震為公互兌兌為毀折亦覆之象今變震中爻有兩兌

也餗馬足融曰鍵也使為糜也卽俗謂之饠春秋傳正考父鼎銘饠于

是渥溢也言鼎過溢故折足覆餗釋見繫傳第五章崔氏覯仲山文鼎

銘云足勝其任公餗乃珍於高思危在滿戒溢可以永年天之大律卽

以溢釋渥也晁氏說之以形渥謂重刑也則誤小象曰信何如也信信

任也言文王不能見信于紂也文王忠愛而紂疑之是鼎折足也覆公

餗囚于羑里也其形渥謂紂之驕盈也紂惟驕盈故不信任文王也此

爻辭亦引用古謠諺

六五鼎黃耳金鉉利貞○象曰鼎黃耳中以爲實也

六五變乾爲天風姤䷫離本先天之乾因中受己土之作用乃變爲

離今復爲乾是歸本位故利貞黃者土之色也離錯坎坎爲耳變乾乾

爲金鉉金縷也下巽巽爲工又爲繩直鉉之象六五與上九兩爻指商

德之將衰人人思周也小象曰中以爲實也中指六五言六五本虛今

變陽似實矣並非眞實故象以以爲二字解之

上九鼎玉鉉大吉无不利〇象曰玉鉉在上剛柔節也

上九變震為雷風恆☷☰變震先天對待之卦位也而離與震又先後

天同位故曰大吉无不利易言大吉者四家人萃升鼎是也玉荀九家曰

震為玉故玉鉉象小象曰上卽上九也曰剛柔上離柔也變震剛也曰

節易中節字皆指度數言此爻先後天同一卦位若合符節也言纍

刻玉鉉入鼎上以為飾其玉必與鼎若合符節也

䷲震　震上震下　京氏房曰八純卦象雷

震動也陽氣之初動故象長子說文劈來振物者尸子曰東者動也震

氣故動　中爻互艮互坎　錯巽　綜艮

震亨震來虩虩笑言啞啞震驚百里不喪七鬯

震動機故亨通震雷以動之來者謂雷之來也虩說文蠅虎也周旋顧

慮不自甯之意中爻互艮艮止也互坎為亟心震動也動而止止而復

動未嘗甯息虢虢之象虢虢疊字凡易用疊字者皆八純卦如乾之乾乾

坎之坎坎是也中爻錯兑為口又說也笑言之象啞啞初動之聲亦

亨道也驚雷聲驚人也百里惠氏棟引酈炎對事曰陽動為九其數三

十六陰動為八其數三十二一陽動二陰故曰百里喪坤西北喪朋今

震在東故曰不喪七中爻互坎坎為叢棘七以棘為之撓鼎之物噐中

爻互坎坎為酒故曰匕鬯皆祭祀之器也

象曰震亨震言虢虢恐致福也笑言啞啞後有則也震驚百里驚遠而懼

邇也出可以守宗廟社稷以為祭主也

象之意武王伐紂以之震為長子代父主器者也恐者虢虢之心也

瞻前顧後憂此慮彼生全出于憂患故能致福互艮艮至也致之象兑

說也福之象後後天也後天之震坎為法則遠指外卦言

邇指內卦言內外二卦皆震故故有驚懼之別出卽帝出乎震之震也

乃雷之發聲中爻互艮艮爲宮闕宗廟之象坎爲隱伏社稷之象徐氏

卽曰出字上脫不喪七鬯四字

象曰洊雷震君子以恐懼修省

洊重也兩震洊震也或謂洊從水至坎水洊至義合考說文无洊字玉

篇瀳同瀳說文瀳水至也蓋雷之發聲由氣之作用陰陽之氣鬱而不

宣而雷始發聲因中爻互坎坎爲水故不曰習重兼繼而曰洊雷震也

恐懼修省皆由動而來

則也

初九震來虩虩笑言啞啞吉〇象曰震來虩虩恐致福也笑言啞啞後有

初九變坤爲雷地豫☳☷初爲卦主又爲震之正位故爻辭小象與卦

辭象辭同變坤坤厚德載福故吉

六二震來厲億喪貝躋于九陵勿逐七日得〇象曰震來厲乘剛也

六二變兌爲雷澤歸妹☰☱此爻後大對待之卦位也屬懼也億大也

中爻互變離離爲蚌貝之象六二爲坤之正位坤東北喪朋中爻互艮

艮東北之卦令變兌則中爻互離喪之大者也故曰億喪十萬曰億震

動奇耦卦畫十故曰億震爲足躋之象互艮艮爲山陵之象九者自六

二至上六奇耦之數共九畫故曰九陵震爲足逐之象互艮艮止也故

曰勿逐兌數七離爲日故曰七日又艮爲手得之象小象曰乘剛也解

見屯之六二

六三震蘇蘇震行无眚○象曰震蘇蘇位不當也

六三變離爲雷火豐☰☲此爻先後天同位之卦也故曰无眚同位而

內卦變離與震爻同位故用疊字陰變陽其來不驚故曰蘇蘇蘇蘇

號之反也震動也震爻爲足行之象中爻互變坎坎其于輿也爲多眚今

所互之坎由變而來故曰无眚小象曰位不當也三爲艮之正位令陰

爻故位不當

九四震遂泥○象曰震遂泥未光也

九四變坤爲地雷復䷗震爲足遂之象互坎坎爲水今變坤坤爲土

泥之象因震出也互坎水出之意令變爲坤水不能出泥也程傳居震

處柔失剛健之道又曰泥滯溺隨无反之意沈氏起元謂在人事則溺

于私牽于欲雖有剛德而不能奮發者是也總之遂者往而不返也泥

者陷而不拔也小象曰未光也坤之象曰含弘光大又六三小象知光

大也因三居陽爻正位變地山謙爲知光大今四爻本巽正位又陽變

陰光也然陷入坎陽之中故曰未光

六五震往來厲億无喪有事○象曰震往來厲危行也其事在中大无喪

也

六五變兌爲澤雷隨䷐此爻後天對待之卦位也五與二相應故爻

辭可參觀之內卦爲來故六二曰震來屬外卦爲往故六五曰震往來

屬內卦六二爲億喪貝外卦六五爲億无喪有事无喪有事虞氏翻曰

可以宗廟社稷爲祭主故无喪有事也小象曰危行也震爲足行之象

坎險也危之象故曰危行在中六五爲中今六五變故曰在中

上六震索索視矍矍征凶震不于其躬于其鄰无咎婚媾有言○象曰震

索索中未得也離凶无咎畏鄰戒也

上六變離爲火雷噬嗑䷔此爻先後天同位之卦也外卦變震離又

先後天同位故用疊字鄭氏立曰索索猶縮縮足不正也矍矍目不正

征往也震先天之數四往而爲後天之離數三再征則凶因上六居卦

之極也下震字特揭而出之因先天離三鄰震四後天震居離位躬指

先天之離言鄰指先天震言後天震居離位故曰不于其躬于其鄰

也先後天同位故无咎易先後天同位或對待皆婚媾象也言者噬嗑

口之作用故曰有言小象曰中未得也未詳朱子以爲中心項氏安世

謂上惟不震是以中未得五惟震屬是以不喪其中較本義雖少當然

亦未能正確畏鄰戒也恐懼故畏戒卽婚媾有言也畏鄰之戒而躬自

恐懼修省故无咎

艮說文曰見也震卦動之極艮卦靜之極　中爻互坎互震　錯兌　綜

震

䷳艮　艮下艮上　京氏房曰八純卦象山

背爲一身之主然无一毫私欲存于其間此背之所貴也艮爲山背之

人之一身五官皆有欲而心尤甚至四肢亦有欲凡欲之來皆由心生

象艮止也背之用止也與震之動相反人身止靜之處莫如背故艮卦

全言主靜之學程子謂讀一部楞嚴不如讀一艮卦深得艮卦之精義

全卦錯震互震震爲足行之象庭杜氏預左氏傳註艮爲門庭其人在

門庭之內而行者不見主靜之功夫可知故艮其背不獲其身先天之

學也出于自然人人如是行其庭不見其人後天之學也出于人為惟

聖賢能之陸氏九淵曰不獲其身无我不見其人无物其說亦可采艮

與咸諸卦皆近取諸身今川中言易者每取一二卦以鍊身心艮卦其

一也其弊流為小道程子所謂神儦者流只是把得此氣蓋不知大易

之理者也

象曰艮止也時止則止時行則行動靜不失其時其道光明艮其止其

所也上下敵應不相與也是以不獲其身行其庭不見其人无咎也

艮卦全卦綜震艮止震行何以此卦言艮必及于震者恐人誤解艮之

理流入于清潔無為兼言震者使人知時之若何以定行止也昔在川

中與其地講易者討論此卦人謂嚴光諸葛亮二人始足當之嚴光則

止者也諸葛亮則止而后行者也余曰誠然孔子聖之時者也深合艮

卦之旨如大舜伊呂何嘗不如此背隨人身四肢而止而行動靜有節

孔子可以仕則仕動也可以止則止靜也光明者朱子謂艮體篤實故

又有光明之象是也上下指上艮下艮也敵者四也應者上卦與下卦

相應也今下艮上艮卦畫相匹故曰敵應不相與者言陰陽不相應也

不相應則害八純卦皆如此此象无背字項氏安世曰卦辭爲艮其背

象爲艮其止晁氏說之曰象亦當是艮其背自王弼以前无艮其止之

說今按古文背字爲北或以形近而訛項氏此說亦讀易之有研幾者

然說卦傳曰艮止也序卦傳艮者止也之雜卦傳艮止也

艮其止何嘗不可說至云王弼以前无艮其止之說意者王氏此註易

背曰止以明背即止也其說涉及虛无今漢儒釋此者祗虞氏翻之說

尚存據李氏鼎祚集解其解艮其止止其所也謂兩象各止其所解上

下敵應不相與也謂艮其背也兩象相背故不相與也細繹虞氏之

說恐艮其背背也有誤作艮其止背也於義始合馮氏橢曰合全卦言

上一陽肩也中二陰脊骨也下一陽腰也下二陰為足也背之象分二卦

而言上一人背而立也下一人亦背而立也一陽為肩二陰手足也三

四內外之交庭也馮氏分二卦之說實本虞氏兩象相背也

象曰兼山艮君子以思不出其位

二體相併故曰兼山艮也董氏遇曰兩雷兩風兩火兩水兩澤皆有往

來之理惟兩山並立不相往來此止之象然山有脉絡靜中有動非長

止也耿氏南仲曰不出其位其身止也思不出其位其心亦止也然思

與出位並非的論思者行止之審詳非指心也出者指互震言位者各

止其止之意能知止即有出之意

初六艮其趾无咎利永貞○象曰貞其趾未失正也

初六變離為山火賁三三爻初爻在下趾之象止也不行也此指君子處

亂世之時止而不行故无咎用六故曰利永貞小象曰未失正也當止

則止則未失其正也

六二艮其腓不拯其隨其心不快○象曰不拯其隨未退聽也

六二變巽爲山風蠱䷑腓脛腨在趾之上故象二爻且上互震震爲

足腓之象艮爲手拯之象今艮巳變故曰不拯變巽巽爲股隨者足隨

股也中爻互坎坎爲心疾不快之象九三屬熏心同國家將亡君子未

爲耳聽也君子處此之際猶思挽囘于萬一未敢退而聽之也是可止

能定國家之危故其心不快小象曰未退聽也巽入也未退即入也坎

而未敢止也

九三艮其限列其夤厲熏心○象曰艮其限危熏心也

九三變坤爲山地剝䷖此爻後天對待之卦位也故有因而无果限

孟氏喜曰要帶處也在腓之上九三似之列峙立之意即卦位對待之

謂也賓馬氏融曰夾脊肉也其實腰絡也俗謂之帶中爻互震震錯巽

巽爲繩直帶之象又中爻互坎坎錯離離爲火熏之象此爻言君子處

危亡之時欲行不得欲止不能也小象所謂危因中爻互坎坎險也故

曰危

六四艮其身无咎○象曰艮其身止諸躬也

六四變離爲火山旅☲☶限之上爲身六四象之言國家危亡至无可

如何之際爲君子者雖止而不行然其心未嘗一日忘天下之憂樂也

因變離離中虛心象也小象言躬躬即身也

六五艮其輔言有序悔亡○象曰艮其輔以中正也

六五變巽爲風山漸☴☶輔在頸上亦身上也六五象之上錯兌兌爲

口言之象變震震善鳴鳴則言有序言君子處此之世亦不能无言然

其言亦不妄發也小象曰以中正也六五動而爲陽故曰中正

上九敦艮吉○象曰敦艮之吉以厚終也

上九變坤爲地山謙☷☶此爻後天對待之卦位也故吉敦備也爾雅

丘再成爲敦敦者一身之五官四肢悉備能時止則止時行則行故曰

敦艮小象曰以厚終也艮爲山厚也終上九之位也

周易易解卷六終

錢塘沈紹勳撰

䷴漸　艮下巽上　京氏房曰艮宮歸魂卦

漸不遽進也　中爻互坎互離　上錯震下錯兌　綜歸妹

漸女歸吉利貞

巽長女也艮止也又為門闕止于歸之象孔疏以夫為家故謂嫁

曰歸巽又入也入于門而有德以制之故吉利貞由中爻互坎離而來

六爻取鴻象婚禮也漸為歸魂故卦辭以歸字釋之

象曰漸之進也女歸吉也進得位往有功也進以正可以正邦也其位剛

得中也止而巽動不窮也

之適也與大學之其所親愛而辟焉之意同非衍文巽為進退故曰

進之進者含有變之之義女子適人即變之也得位此卦九五六二為

得位有功中爻互坎互離得水火之大用二與四同功三與五亦同功

故曰有功進者由艮而進巽得婦也往者外卦也九五得位故曰進以

正女歸正家有良妻家事無內顧之憂男子得盡力國事中爻互離離

之象曰化成天下卽正邦也九五得位故曰剛得中止艮也動指錯震

言

象曰山上有木漸君子以居賢德善俗

山艮也木巽也山上有木積小而長大人之進于賢德非可躍等求之

風俗之偸聖賢化之使至於善亦非驟然可易俱由漸而來居積也居

賢德艮止之象善俗巽入之象

初六鴻漸于干小子屬有言无咎○象曰小子之屬義无咎也

初六變離爲風火家人二三爻六爻以鴻爲序鳥進有漸也以

中爻互離互坎故象鴻離爲飛鳥坎爲水鴻水鳥也于陸氏績曰水畔

稱于互坎故也小子易例謂童爲小子皆指初爻言艮少男亦爲小子

屬憂也中爻互坎坎爲加憂故屬下錯兌兌爲口故有言小象曰義无

咎謂出言有常故无咎

六二鴻漸于磐飲食衎衎吉○象曰飲食衎衎不素飽也

六二變巽爲重巽☷☰磐大石也艮爲小石變重巽故象磐石變巽中

爻互變兌兌爲口飲食之象衎和樂也互兌兌說也衎之象衎衎馬氏

融曰饒衍因重巽故用叠字衎衎故吉小象曰不素飽也即詩不素餐

之意言食祿于朝而其德足以當之也

九三鴻漸于陸夫征不復婦孕不育凶利禦寇○象曰夫征不復離羣醜

也婦孕不育失其道也利用禦寇順相保也

九三變坤爲風地觀☷☴此爻先後天同位之卦也本吉因居艮止之

極而中爻所互之坎又陷故凶艮爲山變坤坤爲地陸之象馬氏融曰

63

山上高平曰陸艮爲少男夫之象征者往也不復者不反也因艮變坤

坤爲母艮坤後天對待且二八易位然陷于坎夫變爲母往而不復也

孟氏喜曰懷子曰孕巽爲婦上互離離其于人也爲大腹且中虛孕育

之象下卦艮艮止也故不育上巽巽爲不果故不育互坎坎爲盜

寇之象下艮艮爲狗主守禦者也故曰利禦寇小象曰離羣醜也中爻

互離離別也互羣類也醜匹也艮陽也巽變坤爲陰夫與母是不羣不醜也

故曰離羣醜失其道也道坤道也巽長女匹老母不育之象故曰失其

道順相保也坤順坤順則變坤則險化爲順故曰順相保

六四鴻漸于木或得其桷无咎○象曰或得其桷順以巽也

六四變乾爲天山遯☷☶變乾中爻互變巽巽爲木因木在陸上形容

漸之進也桷孟氏喜曰秦曰椽周謂之榱齊魯謂之桷虞氏翻曰桷椽

也互變巽巽爲繩直又爲工木得工可成器桷亦器也程傳謂鴻趾連

不能握枝故不木棲然鴻或偶然棲于平直之枝如檋者亦有之耳小

象曰順以巽此巽木也言鴻順木之勢而棲之也上巽變乾而互爲巽

乾巽後天對待故曰順

九五鴻漸于陵婦三歲不孕終莫之勝吉○象曰終莫之勝吉得所願也

九五變艮爲重艮☷☶艮爲山陵之象九五爲坎之正位坎中含戊土

含乾之一陽孕之象五離離數三故曰三歲變艮艮止也故不言三歲變莫

之勝勝舉也變艮中爻互變震震動也舉之象震☳一索而得男言三歲

後能舉子也小象曰得所願也言能得孕之願也

上九鴻漸于陸其羽可用爲儀吉○象曰其羽可用爲儀吉不可亂也

上九變坎爲水山蹇☵☶陸漢儒皆如字宋儒如朱氏震輩亦以陸爲

正胡氏瑗曰陸當作逵雲路也程氏傳亦作逵惟漸卦六爻之辭皆用

韻語當以逵爲是且漸進之義故初于十二于磐三于陸四于木五于

陵上又于陸非進也乃退也至虞氏翻以陸謂三因三與上應然合之

卦象則不合因變坎虞氏逸象坎為雲下巽為風風雲之路鴻高飛之

象若作陸讀則失漸進之義羽亦不能用為儀矣小象曰不可亂也鴻

飛有序其羣不亂

䷵歸妹　兑下震上　後天對待之卦位也京氏房曰兑宮歸魂卦

歸妹女之歸也漸卦女歸自彼歸我娶婦者也此曰歸妹自我歸彼嫁

女者也一娶一嫁可悟綜卦之理　中爻互離互坎　上錯巽下錯艮

綜漸

歸妹征凶无攸利

兑少女妹也女子少艾之稱非姊妹之妹也項氏安世曰男三十而娶

女二十而嫁男常長女常少故曰所歸妹也歸妹者天地之歸魂也因

後天兑震對待先天兑震居離之左右又以對待言兑震居先天坎離

之位而後天坎離居乾坤之位而歸妹又為兌之歸魂在後天居六十

四之末故曰大歸魂征進也居末卦无可進也故曰征凶而无攸利

象曰歸妹天地之大義也天地不交而萬物不興歸妹人之終始也說以

動所歸妹也征凶位不當也无攸利柔乘剛也

凡三陰三陽之卦皆有天地相交之象兌震東西相對月在望故六五

日月幾望是也中互坎離南北相對四時之象歸妹始備故曰天地之

大義也坎離居乾坤之位即天地之交也天地交而后萬物興夫

婦之道亦如是而已說兌也動震也震長而兌少所歸者年少于男之

妹也征凶言往而不得其道是夲也故曰位不當柔乘剛則悖夫婦之

道故曰无攸利五行志雷以八月入其卦為歸妹言雷復歸于地柔乘

剛也

象曰澤上有雷歸妹君子以永終知敝

澤兌也雷震也胡氏煦曰兌女悅動以從長男合之不正也澤上有雷

水氣隨之而升故象歸妹男女之交始以正合乃可善終項氏安世以

震爲反生象終兌爲毀折象皦

初九歸妹以娣跛能履征吉○象曰歸妹以娣以恆也跛能履吉相承也

初九變坎爲雷水解☵☳○兌爲少女娣之象以下仿此娣從姊而行卽

曲禮世婦娣娣是也震爲足兌爲毀折跛之象變坎坎爲曳履

之象跛雖能履常在人後小象曰以恆也恆常也言歸妹以娣常事也

相承也兌錯艮艮爲手承之象承者姊死以娣爲繼也

九二眇能視利幽人之貞○象曰利幽人之貞未變常也

九二變震爲重震☳☳中爻互離離爲目故能視下兌兌爲毀折目遭

毀折眇之象變震震動也眇目能動猶能視也上互坎坎太玄經曰類

爲鬼幽人之象言娣能承繼姊之家事可不變常故小象曰未變常也

六三歸妹以須反歸以娣○象曰歸妹以須未當也

六三變乾為雷天大壯☳☰須天文志女四星北斗七宿之屬也又名

須女謂之婺女又曰賤妾之稱然以須為賤合之星象則不然鄭氏云

曰須有才智之稱天文有須女屈原之姊名女須故楚人謂姊曰嬃須

卽嬃也言歸妹以姊為嬃則為未當故小象及之反歸之仍以娣為媵

也因震為反生反之象坤初四變為震亦反而為乾之象也故曰反歸

又兌與震後天對待反歸之象

九四歸妹愆期遲歸有時○象曰愆期之志有待而行也

九四變坤為地澤臨☳☱愆馬氏蠆曰過也震錯巽巽為進退為不果

愆之象中爻互離離為日互坎坎為月期之象今變坤而日月不見故

曰愆期遲陸氏績曰待也因坤先迷後得故曰遲歸有時況歸妹卦位

後天對待物必歸原位是後天而奉天時也小象曰有待而行也待者

指媵待年于父母之國也古者諸侯娶女之禮

六五帝乙歸妹其君之袂不如其娣之袂良月幾望吉○象曰帝乙歸妹

不如其娣之袂良也其位在中以貴行也

六五變兌為重兌☱☱帝乙詳泰卦六五君者五之位也古者婦人正

室皆稱君袂袖下垂也邵氏補象以兌為袂上震震君也下兌娣也

震變兌是君之袂不如娣之良也坎為月月盈十五故曰望幾望者已

過望日也因中爻互變巽月十六日微闕于巽十六日已過望也小象

曰位指君之位也六五陰爻正室之位也中者六五之位為中以從貴

也君之袂雖不如娣之良然一以貴一以賤一以德一以貌有殊也

上六女承筐无實士刲羊无血无攸利○象曰上六无實承虛筐也

上六變離為火澤睽☲☱兌女也兌錯艮艮為手承之象上震震為蒼

萇竹筐編竹之器也今變爲離離中虛故无實震長男士也刲馬氏融
曰刲也離爲兵戈屠獸之器也兑爲羊坎爲血卦上六去坎已遠變離
離又爲乾卦故无血承筐无實刲羊无血言女不能主中饋男不能奉
祭祀其家亡矣故曰无攸利小象言虛卽離中虛之虛也此爻筐與羊

叶實與血叶

三三豐　離下震上　先後天同位之卦也京氏房曰坎宫五世卦

豐說文豆之豐滿也鄭氏玄曰豐之言膴充滿意也　中爻互巽互兑

上錯巽下錯坎　綜旅

豐亨王假之勿憂宜日中

先後天同位故亨離爲王人中之貴又爲日天上之貴象盛大也假古
通暇馬氏融曰大也錯坎坎爲加憂又爲雨雨則人憂今勿憂因日中
光盛不雨象也干氏寶曰勿憂者勸勉之言也離爲日六二爲離之正

位居卦之中故曰中姚氏姬傳曰文王言此其所以風商辛乎

象曰豐大也明以動故豐王假之尚大也勿憂宜日中宜照天下也日中

則昃月盈則食天地盈虛與時消息而況于人乎而況于鬼神乎

明離也動震也明以動言離日東升故豐照離之象日中豐之大也以

一日論時在午居離之正中以一年論月在午夏至之節亦居離之正

中其時日光普照故也然日過午即逝夏至後日南行則盈必至于虛

故豐有憂道為互巽巽入也昃之象離錯坎坎為月互兌兌為口食之

象曰月之昃食即天地之盈虛之道也與時消息謂日中為午夏至日

在離為消息之幾所謂變通趣時是也人有生死鬼神有歸遊皆消息

之理也象言昃食擬紂也宜日中言周德之當王也

象曰雷電皆至豐君子以折獄致刑

雷震也電離也折獄致刑中爻互兌兌刑官故曰秋官蕭殺之氣因兌

正秋之卦也又爲毀折故曰折致者兌錯艮艮止也致法則止言刑之

不可妄用也如電之明如雷之威始可用法故易于雷電相遇則必及

刑罰取其明以動也

初九過其配主雖旬无咎往有尚○象曰雖旬无咎過旬災也

初九變艮爲雷山小過䷽此爻先後天同位之卦也故曰過又无咎

史記天官書後勾四星末大星曰正妃配古作妃鄭氏玄亦作妃主卽

泰一也變艮大象似坎坎泰一之位也按卦震爲長男中爻互巽長女

也震巽相對故曰配主旬星名天官書旬始出于北斗狀如雄雞芒角

刺出惡曜也合配主相遇雖見旬亦无咎往進也往有尚言初九尚未

至中爻之位至六二始見也小象曰過旬災也過者旬過泰一之宮故

有災因離爲火災之象也俗以火爲惡曜本此

六二豐其蔀日中見斗往得疑疾有孚發若吉○象曰有孚發若信以發

六二變乾爲雷天大壯䷡四章爲一蔀象即甲子一周也黃帝時

配甲子以紀蔀一歲六周互巽巽爲柔木故也草能蔽日光如日中見

斗星名夜小所見日中見之昏暗之至也斗數七即離三震四之象

也斗見日中故用離震卦象明之往進也至暗疑疾也爲加憂爲

心疾疑疾之象下錯坎離爲坎掩以明遇暗疑疾也今變乾二五相應

且乾離先後天同位孚也發離爲火火之發也若者言如日之發光也

小象曰信曰志指乾離先後天同位言也

九三豐其沛日中見沬折其右肱无咎〇象曰豐其沛不可大事也折其

右肱終不可用也

九三變震爲重震䷲沛水氣上互兌兌爲澤故也沬徐氏邈曰微昧

之光也爲斗之輔星鄭氏立作昧服氏虞曰日中而昏也子夏傳昧星

之小者馬氏融同變震互變艮艮爲手肱之象右者先天震在離之右

上互兌兌爲毀折折之象小象曰不可大事也互艮艮止也故不可大

事終不可用也右肱既折是不可用

九四豐其蔀日中見斗過其夷主吉○象曰豐其蔀位不當也日中見斗

幽不明也過其夷主吉行也

九四變坤爲地火明夷☷☲夷主明夷之主即紂也斗蔽日如文王之

遇紂也豐之六二九四兩爻皆言見斗其所之變者即斗所指也六二

見斗是斗指南方也九四見斗是斗指東方也二變離離南方也四震

震東方也小象曰位不當也四爲巽之正位今陽居之爲不當位幽不

明也幽指變坤互坎言坎蔽離光故不明吉行也變坤互變震震爲足

行之象能行則吉避紂也此象紂之赦文王也

六五來章有慶譽吉○象曰六五之吉有慶也

六五變兌爲澤火革☲☱六五爲耦耦卽坤象章之

章也彩色也七閏十九年爲一章四章爲一部與六二應變兌則陽往

陰來故曰來兌說也慶譽之象故吉此象紂賜文王弓矢鈇鉞使專征

伐事

上六豐其屋蔀其家闚其戶闃其无人三歲不覿凶○象曰豐其屋天際

翔也闚其戶闃其无人自藏也

上六變離爲重離☲☲豐其屋蔀其家卽華屋茂草之意中爻兌錯艮

艮爲門闕屋之象又戶之象初爻至四爻有風火之象故曰家曰人互

巽巽爲白眼重離爲重目故爲闚闚覯之象離數三故曰三歲小象曰

天際翔也言屋之高大炫燿人目如天際翔也翔者離爲鳥故有此象

无人亡家之象天下離心視紂爲一夫是此象也淮南子云无人非无

衆庶也言无聖人以統理之也石氏介曰子雲云炎炎者滅隆隆者絕

觀雷觀火為盈為實天收其聲地藏其熱高明之家鬼瞰其室正合此

義自藏也藏坟墓也自從也言人已死也馬氏融以藏作戕于義未合

䷷旅　艮下離上　京氏房曰離宮一世卦

旅羈旅也　中爻互巽互兌　上錯坎下錯兌　綜豐

旅小亨旅貞吉

旅者旅進旅退之意因中爻互巽巽為進退故也初六旅瑣瑣小也因

中爻互兌兌為少女小也小指離言易例小指陰言離陰也六五居中

故亨旅貞吉為處旅之道

象曰旅小亨柔得中乎外而順乎剛止而麗乎明是以小亨旅貞吉也旅

之時義大矣哉

柔得中者內外二卦皆離居正位故也止艮也麗乎明離也凡物之寄

托者宜柔不宜剛故旅之時最難處以柔行順斯為旅之義

象曰山上有火旅君子以明愼用刑而不留獄

山艮也火離也上互兌兌西方屬金刑官也參觀賁卦下卦艮艮止也

止者不留之象不留者獄如傳舍言不拘留人也離爲日爲火明之象

山勢高而敦愼之象

初六旅瑣瑣斯其所取災〇象曰旅瑣瑣志窮災也

初六變離爲重離二三爻瑣瑣鄭氏曰猶小小也陸氏績曰小也艮爲小

石瑣瑣之象變重離故用叠字因重離過明處旅之時較小利計末節

或求備于人皆爲取災之道用刑亦如此若察察爲明而不知愼刑亦

失本旨古之治獄如得其情哀矜勿喜是也斯如字焦氏循曰斯同澌

竭也又引王羲之誓墓文常恐斯亡无曰斯同澌死者澌也此爻以澌

爲斯則誤焦氏之意斯其所句取災句然曰取災是未死也且旅瑣瑣

何至於死且卦象亦无死之象也災離爲火災之象小象曰志重離則

志同艮終也窮之象

六二旅即次懷其資得童僕貞○象曰得童僕貞終无咎也

六二變巽為火風鼎☰☴下艮艮終也今互變乾乾與離先後天同位

故小象曰終无咎也即就也次舍也艮為門闕今變巽巽入也入于其

門即次于旅舍也艮為手懷之象資貨財也中爻互巽巽為近市利三

倍巽又入也貨財入中懷資者也艮為少男又為閣寺童僕之象得之

而貞者賴童僕之力以相助也

九三旅焚其次喪其童僕貞厲○象曰旅焚其次亦以傷矣以旅與下其

義喪也

九三變坤為火地晉☲☷離為火三近離火焚之象艮為門闕今門闕

變為地是焚次之象變坤則喪艮之少男是喪童僕也小象曰亦以傷

矣此矣字與益之九五勿問之矣微有不同為起下之詞故下句用以

旅人處此危地故心不快小象曰未得位也四爲巽之正位今陽居之　故未得位　六五射雉一矢亡終以譽命○象曰終以譽命上逮也

字亦字指上九言此曰以旅與下上九象曰以旅在上上下二字卽九

三上九也故此曰喪其童僕上九言喪牛且亦兼六二言之六二旅卽

次此曰焚其次六二曰得童僕此曰喪童僕六二曰貞此曰貞屬反覆

求之可也義指卦義也何以喪童僕是變坤而无艮爲童僕故也

九四旅于處得其資斧我心不快○象曰旅于處未得位也得其資斧心

未快也

九四變艮爲重艮處止也下艮艮止也變艮中爻互變坎坎陷也

有險象也互兌兌爲金資之象資者旅人曰用之財也互巽巽爲木金

貫于木斧之象斧者旅人衞身之物也我心不快互變坎坎爲加憂言

旅人處此危地故心不快小象曰未得位也四爲巽之正位今陽居之

故未得位

六五射雉一矢亡終以譽命○象曰終以譽命上逮也

六五變乾爲天山遯☷☶☳離爲雉又爲戈兵射之象乾數一故曰一矢

互兌說也故曰譽又互巽巽爲命小象曰上逮也逮及也上者五對

二之辭

上九鳥焚其巢旅人先笑後號咷喪牛于易凶○象曰以旅在上其義焚

也喪牛于易終莫之聞也

上九變震爲雷山小過☷☶☳此爻先後天同位之卦也故有先後二字

先卽先天也後卽後天也小過本飛鳥象震爲木離爲木科上槁巢之

象上離爲火焚之象離火變震木且雷電皆至其巢爲得不焚先笑

先天之震位笑言啞啞之象後天震居離位震善鳴與火焚之聲交加

號咷之象牛載資之物離爲牝牛易疆場也變震震爲大塗易之象鳥

巢焚无關旅人之事而旅人笑之號咷之致牛喪失而耳不聞故凶因

牛爲旅人載物之具故也小象曰上卽上爻也義馬氏融曰宜也聞

者大象似坎爲耳痛故莫之聞也

二二二巽　巽下巽上　京氏房曰八純卦象風象木

巽入也　中爻互兌互離　錯震　綜兌

巽小亨利有攸往利見大人

巽陰卦故曰小利有攸往卽亨也攸安也久也往不息也因後天之巽

居先天之兌位巽與離鄰此之謂利有攸往其樞機在中爻之中也利

見大人中爻互離離爲目見之象

象曰重巽以申命剛巽乎中正而志行柔皆順乎剛是以小亨利有攸往

利見大人

巽爲風又入也命令行事如風之流行无微不入故曰隨風巽齊也言

命令施于人无偏无黨使人人能守之也猶恐人民之不入也故丁寧

反覆而告之曰重曰申卽三令五申之意巽本柔今日剛以九五爲陽

爻也九五中正也

象曰隨風巽君子以申命行事

隨順也風巽也兩巽故曰隨申命丁寧重複也不妄發之意巽爲股行

之象申命然後行事使民不怨則物无不順矣

初六進退利武人之貞○象曰進退志疑也利武人之貞志治也

初六變乾爲風天小畜二三爻巽爲進退變乾虞氏翻曰乾爲武人武人

有進无退者也巽則能進能退變乾則乾道變化剛者柔之且巽爲命

如彼武人得君子以馭之命之進退則貞小象曰志指重巽重巽則志

同疑未決也或進或退上下不定故疑治者定也變乾所謂乾元用九

而天下治也

九二巽在牀下用史巫紛若吉无咎○象曰紛若之吉得中也

九二變艮爲風山漸二三巽爲木變艮爲山本立如山牀之象九二居

初六之上已在牀上矣故初九爲牀下互兌兌又爲毀折紛若
之象古者席地而坐惟長民之官可坐牀下言申命行事之時用史巫
祭禱之誠語語告誡人民則吉无咎小象曰得中也九二得位故曰得

中

九三頻巽吝○象曰頻巽之吝志窮也

九三變坎爲風水渙䷺頻煩擾也變坎中爻互變震震動也動則不
安故煩擾謂朝令暮改人民紛擾不已也故吝互變震震與巽先天對
待故同志然震在互之中隱而不顯故窮也

六四悔亡田獲三品○象曰田獲三品有功也

六四變乾爲天風姤䷫來氏知德曰巽居四之正位所以有功有功
故悔亡互離離爲戈兵田之象互兌兌錯艮艮爲手獲之象互離離數
三故曰三品字義未詳翟氏玄曰田獲三品下三爻也謂初巽爲雞二

兌爲羊三離爲雉與羊家畜也何必田獲王氏弼曰一日乾豆

二曰賓客三曰充君之庖雖引公羊之說去象更遠李氏鼎祚又重言

以申明之謂上中心乾之爲豆實次殺中髀骼以供賓客下殺中腹充

君之庖廚朱子本義亦引用之細繹卦象知所獲三品而已至三品爲

何物雖不可考惟巽爲利市三倍三品或卽三倍之意言其多也故小

象以有功釋之

吉位正中也

九五貞吉悔亡无不利无初有終先庚三日後庚三日吉〇象曰九五之

九五變艮爲山風蠱☶☴此爻正在十有八變成易之時故曰貞吉悔

亡无不利始終二字見示兒錄二編指戊己言也庚項氏安世曰更也

續也先庚三日後庚三日指納甲言與蠱先甲三日後甲三日參觀之

說亦詳示兒錄二編互離離數三故曰三日其中爻互坎坎中有癸後

庚三日也中爻又互離中有丁先庚三日也小象曰位正中也九五

得位故曰正中與九二得中也以卦位言有別

上九巽在牀下喪其資斧貞凶○象曰巽在牀下上窮也喪其資斧正乎

凶也

上九變坎爲水風井䷯巽爲木互兌兌爲金木貫金斧之象巽爲近

市利三倍資之象互坎坎爲盜盜其資斧喪之象京氏房傳以喪資斧

爲失斷頗合小象曰上上卽上爻失斷故凶

䷹兌　兌下兌上　京氏房曰八純卦象澤

兌說也說文亦說也兌爲少女說之象　中爻互離互巽　錯艮　綜

巽

兌亨利貞

兌九五得位故亨上六陰爻爲兌之正位故利貞

86

象曰兌說也剛中而柔外說以利貞是以順乎天而應乎人說以先民民

忘其勞說以犯難民忘其死說之大民勸矣哉

剛陽也陽爻居二五之位故曰剛中上六陰爻兌居正位故曰柔外說

以利貞以用也兌何以利貞因兌居正位故利貞是以順天而應人說

在事先民可忘勞說在難時民可忘死中互變巽巽為不果先之卽果

也互離離中虛心之象心能忘則說離錯坎坎為勞又為死勸者自說

而來因兌為口舌勸用口舌

象曰麗澤兌君子以朋友講習

麗離也指中爻言澤兌也朋友兌坤德也坤得朋喪朋故曰朋友講者

用兩口卽上兌下兌也習鳥數飛也中爻互離離為雉文明之鳥也

初九和兌吉〇象曰和兌之吉行未疑也

初九變坎為澤水困三三兌正秋其德為利利者義之和也故曰和朋

友講習和之至也變坎坎爲多疑故小象曰疑然居初爻故曰未疑

九二孚兌吉悔亡○象曰孚兌之吉信志也

九二變震爲澤雷隨䷐此爻後天對待卦位也故曰孚曰吉曰悔亡

小象曰信志也互離離納己信也志者對待之謂也

六三來兌凶○象曰來兌之凶位不當也

六三變乾爲澤天夬䷪來者指變言變乾乾剛也兌本說今變剛不

說之象以陰制陽故凶䷳爲艮之正位今陰居之故小象曰不當

九四商兌未寧介疾有喜○象曰九四之喜有慶也

九四變坎爲水澤節䷻商鄭氏玄曰隱度也虞氏翻曰巽爲近利市

三倍故稱商兌因中爻互巽故也項氏安世曰交易往來之名坎其于

人也爲加憂未寧之象又坎爲心疾疾之象介者兩者之間中爻互巽

今變艮艮止也坎本有疾而艮以介之則疾自止兌說也故有喜或間

此爻之理答以易所包者廣仁者見仁智者見智明其象數其理自明

蓋物物一太極事物繁多易者隨機應變不可槪論也至此爻之理商

隱度也即商權之意有所疑慮與人商權故曰未寧介在兩者之間其

人節操堅固未能左之右之也疾速之意言商兌時若堅固迅速而論

定之不爲私欲所蒙則眞理自見故有慶也

九五孚于剝有厲○象曰孚于剝位正當也

九五變震爲雷澤歸妹䷵此爻後天對待之卦位也故曰孚兌正秋

剝卦名九月之卦爲兌之終卽秋之終也項氏安世曰兌爲正秋下二

爻七月爲否中二爻八月爲觀上二爻九月爲剝九五正當剝之時是

以戒之屬憂也易以厲爲吉易因憂患而作也小象曰位正當也九五

得位故曰正當

上六引兌○象曰上六引兌未光也

二十五

上六變乾為天澤履☲☱五互離離錯坎坎為弓引者開弓之象因上六

為兌正位兌為澤澤者水所瀦引者導諸水之源使入于澤如弓之引

然小象曰未光也離為火為日為電光之象上六已在互卦之外故曰

未光

䷺渙　坎下巽上　京氏房曰離宮五世卦

渙散也說文流散也　中爻互震互艮　上錯震下錯離　綜節

渙亨王假有廟利涉大川利貞

九五得位四爻為巽之正位故亨坎錯離離為王假至也大也古通嘏

下錯離其時夏尚書大傳云何以謂之夏夏假也假者方呼萬物而養

之釋名曰夏假也寬假萬物使生長也互艮艮為門闕廟之象下坎坎

為隱伏神鬼之象立廟祀之使鬼有所歸有所歸使渙者聚之坎為水

巽為風風行水上舟楫之象可出險也故利貞殷之末世人心渙散應

此象王唯有君德者當之紂旣失德則文王其人也

象曰渙亨剛來而不窮柔得位乎外而上同王假有廟王乃在中也利涉

大川乘木有功也

內卦爲來坎陽卦也剛也故曰剛來不窮者坎爲通且心亨故也外外

卦也外卦巽四爲巽之正位故曰得位柔巽陰卦也上者四爻之上卽

爲五爻五爻上卦也今五爻亦得位故曰上同王在中九五王位在卦

之中故曰王乃在中乘木中爻互震震爲木震馬象乘之象震在二與

四之間繫傳曰二與四同功而異位故曰有功與五多功之間

象曰風行水上渙先王以亨于帝立廟

風巽也水坎也風行水上本渙之至也精神之渙散莫如神鬼若立壇

廟以祀之以縶其渙項氏安世曰亨帝于郊象巽之高立廟于宮象坎

之隱

初六用拯馬壯吉○象曰初六之吉順也

初六變兌爲風澤中孚䷼此爻先後天同位之卦也故吉小象曰順

同位者順坎其于馬也爲美脊故壯爻變用也如乾用九坤用六是也

拯伏氏曼容曰濟也中爻互艮艮爲手拯之象殷末紂爲無道文王欲

救之故曰用拯拯紂之危亡卽拯民于水火之中也以馬壯言其速凡

拯人之道貴在速也

九二渙奔其机悔亡○象曰渙奔其机得願也

九二變坤爲風地觀䷓坎爲亞心中爻互震震爲足又動也足之動

以亞心奔之象上巽巽爲木又爲工木加人工互震震爲足令變坤坤

地也木之器用有足置地上机之象古者席地而坐机置席上故中爻

互艮艮止也机止席上者也直奔机前亦言其速也此爻變坤坤與坎

先後天同位故小象曰得願也

六三渙其躬无悔○象曰渙其躬志在外也

六三變巽爲重巽☴☴中爻互艮躬之象今艮變坎坎陷也是躬入于

險也變重巽入之至渙其躬者如文王諫紂危道也若逢紂之怒雖殺

其身亦无悔小象曰志在外也外卦也變巽與外卦同爲巽故曰志在

外也

六四渙其羣元吉渙有丘匪夷所思○象曰渙其羣元吉光大也

六四變乾爲天水訟䷅此爻先天一六後天亦一六所謂一與六共

宗故元吉共宗者羣之象易言元吉者共十有三坤訟履泰謙復大畜

離損益井歸妹渙是也其例有三一先天後天同位二復爲八純卦三合

生成之數上互艮艮爲山丘之象夷平常也變乾則互變離離中虛有

心象故曰思匪夷所思非常人思慮之所及也渙其羣者謂能去君

之左右羣小故元吉羣小固結若丘之聚雖有賢哲力不能去之故曰

匪夷所思小象曰光大也變乾乾大也中爻變離離明也光之象

九五渙汗其大號渙王居无咎○象曰王居无咎正位也

九五變艮爲山水蒙☷☵☶坎爲水汗之象人有疾汗出則愈人无疾汗

出不止則死巽爲命號令之象大乾也九五乾居正位故曰大王居之

象也此言君爲不道則當去其名號與居處爲无咎如紂之失國宜也

小象曰正位也九五得位故曰正位

上九渙其血去逖出无咎○象曰渙其血遠害也

上九變坎爲重坎☵☵坎爲血卦巽爲臭變坎又爲血卦變坎之血臭

血也如癰疽之類醫者治此必渙其血然後肌肉復生若不散血則養

癰成患血與出韻叶去字不可連上句讀逖王氏弼曰遠也去逖出如

文王之避紂是也賢者當無道之世不能渙除羣小唯遠去以避之而

已故小象曰遠害也

䷻節　兌下坎上　先後天同位之卦也京氏房曰坎宮一世卦

節竹節也居第六十卦凡竹自下而上必六十節史記律書註古律用

竹中爻互震震為蒼箟竹　中爻互震互艮　上錯離下錯艮　綜渙

節亨苦節不可貞

亨指九五得位言炎上作苦因坎錯離故也水停潴澤內其氣上升炎

上之象苦者仍停潴澤中故水之窮則苦道之窮則節節先後天同一

卦位故序卦曰節而信之雜卦傳曰止也止于原位也節承上卦渙君

子當渙之時欲渙其羣而不可惟有守節而已故象曰其道窮也中爻

互艮艮其于木也為堅多節凡物非堅不能成節下兌兌為口舌言之

象故出言有節卦中初九九二兩爻均有言不出之意

象曰節亨剛柔分而剛得位苦節不可貞其道窮也說以行險當位以節

中正以通天地節而四時成節以制度不傷財不害民

坎陽也故曰剛兌陰也故曰柔坎陽兌陰故曰分九五得位故曰剛得

位說兌也中爻互震震爲足行之象險坎也九五得位又爲坎之正位

故曰當位九五陽卦陽爻故曰中正坎爲通節居序卦之六十當周天

之度故曰天地節而四時成制法制也度則也虞氏翻曰艮手稱制坤

數十爲度十者爲坤之先後天數也故制度卽權量也有國家者制定

權量則數目長短輕重高厚皆得其度節之大用也有此制度始能不

傷財不害民

象曰澤上有水節君子以制數度議德行

澤兌也水坎也侯氏杲曰澤上有水以隄防爲節制作也數一二三四

之類是也度卽日月節氣權量之類是也凡有一定之次序卽所謂節

也德行非他亦不過數度而已度數爲形而下器也德行爲形而上道

也制者坎爲法律又爲矯輮也議者兌象也

初九不出戶庭无咎〇象曰不出戶庭知通塞也

初九變坎為習坎☵☵中爻互艮杜氏預左傳注艮為門庭中爻又互
震震動也出之象初九尚未至中爻之位故曰不出戶庭下兌兌為口
口能言言不可出于戶庭之外愼之也小象曰知通塞也坎為通兌正
秋其時萬物之所說也塞之象釋見上傳第八章

九二不出門庭凶〇象曰不出門庭失時極也

九二變震為水雷屯☵☳九二已至中爻之位不可不出今變震震為
足又動也足動出之象互震變震是動而又動也故不出則凶言君子
在位其言足為世法而其言不能出于門庭之外亦凶象也小象曰失
時極也極項氏安世曰猶準則也義與節通變震互震震動也不出
庭可動而不動也失時極之至也

六三不節若則嗟若无咎〇象曰不節之嗟又誰咎也

六三變乾爲水天需䷄出言不慎故曰不節若咎也兌爲口嗟之象

上坎坎爲憂憂則嗟若不節則嗟節則不嗟同人小象曰又何咎也此

言又誰咎也意同

六四安節亨○象曰安節之亨承上道也

六四變兌爲重兌䷹中爻互震震爲蒼筤竹竹者有一定之次序安

之如素也中爻變巽巽順也能順其節故曰安如文王之事紂得安節

之道也小象曰亨承九五之中正也中爻互艮艮爲手承之象

九五甘節往有尙○象曰甘節之吉居位中也

九五變坤爲地澤臨䷒坤土也土味甘兌爲口口能別五味也甘節

視安節之時爲尤難非文王之聖孰能與於此小象曰吉九五得位故

吉九五爲乾坎之正位故曰居九五在中故曰中

上六苦節貞凶悔亡○象曰苦節貞凶其道窮也

上六變巽爲風澤中孚䷼苦者火之味今變巽大象似離離爲火也

此爻先後天同位之卦也本吉惟上居節之極如比干之於紂故貞凶

悔亡小象曰窮窮則不知變通故貞凶道謂同位也因苦之味宜于夏

節兌秋坎冬宜辛宜鹹今曰苦葢時不合窮之象也

䷼中孚　兌下巽上　先後天同位之卦也京氏房曰艮宮遊魂卦

中孚以一卦言大象似離離中虛以上下二體言二五皆得其中孚之

象先後天同位孚也巽宮辰巳辰數五巳數六五六天地之中合故曰

中孚孚徐氏錯曰鳥之孚卵皆如其期不失信也　中爻互震互艮

上錯震下錯艮　綜小過

中孚豚魚吉利涉大川利貞

中孚一卦言卵孚指地形言豚魚吳氏澄曰江豚也俗呼拜江豚每當

風將起時卽拜舞江中合澤上有風之象澤將有風則浮出水面南風

則口向南北風則口向北豚魚是一物非二物也故爻中如虞守澤鶴

知秋雞鳴曰皆信物也此卦專言卦氣易緯稽覽圖甲子卦氣起中孚

因物皆能應節氣卽豚魚至頑鈍之物亦能知風至拜舞水中故象言

信及孟子謂天之高也星辰之遠也苟求其故千歲之日至可坐而致

也求其故卽卦氣之故亦卽甲子起中孚之故也亦卽七日來復之故

也所謂日至卽二至也巽爲風兌爲澤中爻互震震爲木澤上有風木

浮其上利涉大川之象上下二體均得位故利貞

象曰中孚柔在內而剛得中說而巽孚乃化邦也豚魚吉信及豚魚也利

涉大川乘木舟虛也中孚以利貞乃應乎天也

柔巽也巽爲內卦剛陽也中孚无陽卦何以稱剛因中孚爲艮宮之游

魂艮陽卦九五九二爲中今爲陽爻故曰剛得中說兌也孚信也信能

及頑鈍之豚魚未有不可化其邦人者也中孚先後天同一卦位雜卦

傳曰信也序卦傳曰節而信之言交相孚也乘木卽中爻互震震爲木

又爲馬乘之象中孚大象似離中虛似舟故曰舟虛古人作舟剡大

木虛其中爲之也

象曰澤上有風中孚君子以議獄緩死

澤兌也風巽也易言治獄皆離象因離明也明則能察故能治獄兌爲

口爲附決議之象巽爲進退爲不果緩之象又兌爲毀折死之象君子

慎刑重視人命恐折獄者有冤濫更擬議而求其當也卽至死獄猶求

其生所謂罪疑惟輕是也

初九虞吉有他不燕○象曰初九虞吉志未變也

初九變坎爲風水渙二三四爾雅鴛鴦澤虞郭氏璞曰今媚澤鳥似水鳧蒼

黑色常在澤中見人輒鳴喚不去有象主守之官因名云俗呼爲護田

鳥諸家以虞訓安訓專或虞度虞防驩虞憂虞之類皆莫衷一是虞釋

驚雖見爾雅至宋儒始言之惠氏士奇宗漢學者也亦主此語惟引謝

氏濟世言不引爾雅何也謝氏之書未見然其所引皆爾雅郭注也此

言虞吉與卦之言豚魚吉相應虞澤鳥與九二之鶴應鶴亦澤鳥也虞

吉指虞之專一他古文作它蛇也蛇本作它從虫而長上古草居患它

故相問无它乎燕安也詩燕燕居息傳曰燕燕安息也上巽巽中有已

己蛇也澤中之虫虞在澤中本燕遇它則不燕因變坎坎險也又為加

憂不燕之象中孚信也故此爻以虞象之且中爻互艮與上巽成漸漸

之卦六爻全象鴻鴻與虞皆信鳥小象曰志因先後天同位也未變者

初六雖變坎然與兌同位如虞在澤中靜以自守故曰未變今晁它則

變矣

九二鶴鳴在陰其子和之我有好爵吾與爾靡之○象曰其子和之中心

願也

九二變震爲風雷益䷩此爻先天對待之卦位也故小象曰中心願

也九二爲卦體之中心願則志同對待之謂也釋見繫傳上第八章中

孚大象離爲飛鳥之象中爻互震震善鳴今又變震是鳴者有二中爻之

震變坤坤爲母震變母是母之鳴也變震震爲長子是子之和也坤爲

子母牛故有子母象兌正秋也鶴霜降至則鳴鶴爲澤鳥喜陰畏陽秋

則陽殺故鳴母鳴而子和以象情意之眞孚也震仰孟爵之象震由兌

而變兌爲少女少爻也好之象麋子夏傳作縻上巽巽爲繩直縻之象

麋之者使不失之也故韓氏嬰曰麋共也吾指九二言爾指九五言故

九五爻辭有孚攣如亦與縻之之意相應好爵人之所貴喻君子之修

德偶或不愼則失之矣重之曰靡守而勿失之意曰吾爾者詞之誠也

卽中孚卦旨也細繹我有好爵吾與爾靡之是鶴鳴之聲如詩有禽言

之類以爲比與若以周公居東之志事擬之則鶴喻文王子喻武王又

鶴以自喻子喻成王言周積德累仁始成王業如有好爵不可失之寄

其丁寧反復之意信之至也

六三得敵或鼓或罷或泣或歌○象曰或鼓或罷位不當也

六三變乾爲風天小畜䷈此爻後天對待之卦也對待卽敵敵匹也

由變而來故曰得上巽巽爲進退故曰或或者擬而未定之辭也荀九

家震爲鼓因震善鳴又動也動而始鳴鼓之象罷楊氏愼曰音婆吁歌

也下兌兌爲口又說也罷之象亦歌之象也大象似離離爲目今變乾

則中爻互變離離錯坎坎爲水目中出水泣之象此爻全體因兌爲口

又爲巫鼓罷泣歌皆巫之象是巫之言在可信而不可信之間愚者以

爲可信賢者以爲不可信非中孚之道此爻對待故有因而无果小象

曰位不當也三爲艮之正位宜陽爻今陰居之故不當位也

六四月幾望馬匹亡无咎○象曰馬匹亡絕類上也

104

六四變乾爲天澤履爻二幾既也魏氏伯陽參同契謂三日出爲爽震

庚受西方言月三日生明于震震一陽生也十六轉受統巽辛見平明

言十六日微闕于巽巽一陰生也八日兌受丁上弦平如繩言八日上

弦于兌兌二陽生也艮直于丙南下弦　十三言二十三日下弦于艮

艮二陰生也十五乾體就盛滿甲東方言十五日盛滿于乾今變乾乾

爲月望之日然由巽而變巽十六日也故曰月幾望言月已過望也乾

爲馬四者配也巽无馬象故曰馬四亡小象曰絕類上也中爻之巽與

兌亦先後天同位與卦體同故曰類今巽變乾乾雖與巽爲後天對待

之位然反與兌絕故曰絕類六四屬上卦故曰上

九五有孚攣如无咎○象曰有孚攣如位正當也

九五變艮爲山澤損▤▥此爻先天對待之卦也故无咎五爲乾之正

位今陽居之其位正當故有孚中爻互艮艮爲手攣之象全體本先後

天同位今變艮與巽先後天同位中爻所互之震與下兌後天對待中

爻所變之坤與所變之艮亦後天對待坤又與上巽先後天同位上下

內外之變皆觸類旁通是誠信爻孚得中孚之旨

上九翰音登于天貞凶○象曰翰音登于天何可長也

上九變坎為水澤節☲☵此爻先後天同位之卦也本吉今曰貞凶貞

即苦節不可貞之貞也凶因上九六已極不能久也曲禮雞曰翰音巽

為雞中爻互震震善鳴雞司晨信鳥也雞鳴振羽故曰翰音雞雖微而

其音則清遠登于天者非雞飛也詩曰鼓鐘于宮聲聞于天之意若以

登為飛則誤且大象似離離為飛鳥象今變坎陽變陰陰之上六為兌

之正位兌為口音之所自出也是鳴而不飛也小象曰何可長也言雞

鳴不過丑半之鳴而已其聲不能久中爻互艮艮中有丑上九在互卦

之外故曰丑牛

䷽小過　艮下震上　先後天同位之卦也京氏房曰兌宮遊魂卦

小過義見大過陽爲大陰陰爲小澤風大過上下皆陰何以反爲大因爲

震之遊魂卦震陽也故曰大小過艮下震上皆陽也何以反爲小因

爲兌宮之游魂兌陰也故曰小　中爻互巽互兌　上錯巽下錯兌

綜中孚

小過亨可小事不可大事飛鳥遺之音不宜上宜下大吉

淮南子曰言人莫不有過而不欲其大也亨者卦屬陰五二陰得位故

亨小事卽陰事大事卽陽事也小過鳥象宋氏襄曰二陽在內上下各

陰有似飛鳥舒翮之象故曰飛鳥震爲聲音飛而且鳴鳥去而音止故

曰遺之音也因中爻互巽巽爲風風傳音遺之象下艮艮止也故曰不

宜上下在艮之中故曰宜下有俛飛知還之意故宜下爲大吉凡卦

辭言大吉者惟此爻言大吉者四家人升萃鼎是也皆同位對待之卦

象曰小過小者過而亨也過以利貞與時行也柔得中是以小事吉也剛

失位而不中是以不可大事也有飛鳥之象焉不宜上宜下大吉上逆而

下順也

時行中互艮艮時行則行故曰時行柔得中二五皆陰爻居上下體之

中故曰得中剛失位五爲乾之正位今陰居之是陽失位也焉狀事之

詞也全象僅此一字故或以爲无此句上體四五兩爻皆失位逆也下

體二三兩爻皆得位故曰順且三爻爲艮之正位合艮止之義是以宜

下也

象曰山上有雷小過君子以行過乎恭喪過乎哀用過乎儉

項氏安世曰日行日喪日用皆見乎動象震也曰恭曰哀曰儉皆當止

之節象艮也

初六飛鳥以凶○象曰飛鳥以凶不可如何也

初六變離爲雷火豐☳☲爻此爻先後天同位之卦也本吉然離爲罔罟

鳥飛過之故凶此言紂之惡陷人以罪如罔罟以弋飛鳥也小象曰不

可如何也鳥入罔罟之中自取其災不能解脫也

六二過其祖遇其妣不及其君遇其臣无咎○象曰不及其君臣不可過

也

六二變巽爲雷風恆☳☴爻此爻先天對待之卦位也故曰過祖妣卽陰

陽遇者陰陽相咸也君臣亦然震爲君巽對待象君臣之相得也今

係變爻是君仍不變臣指下體艮言也今變巽巽順言臣皆可過也

君者紂也巽爲進退進退无常非過或不及也臣者商之臣言商臣之

可過者如微子箕子比干之輩是也小象曰臣不可過也有臣之才而

過于君而君不能用之反殘殺之亡國之象也

九三弗過防之從或戕之凶○象曰從或戕之凶如何也

九三變坤爲雷地豫䷏弗卽艮止之義今艮已變故曰弗過艮爲門

關又爲狗防之象從者左右之謂先天卦位坤之左右爲震艮今變坤

從也坤爲陰以擬紂之失德巽爲進退或之象又互兌兌爲毀折戕之

象言紂有時非不知悔人或防之亦可使其爲善乃爲左右羣小所蔽

雖欲爲善而不能或者指羣小言小象曰凶如何也言羣小之惡也

九四无咎弗過過之往厲必戒勿用永貞○象曰弗過過之位不當也往

厲必戒終不可長也

九四變坤爲地山謙䷎此爻後天對待之卦也故无咎九四已至上

卦與下卦之艮已遠故曰弗過遇者指對待言往進也屬憂也往屬者

言進則有憂也戒者防小人之患也中爻坎坎陷也又其於人也爲加

憂厲與戒之象也勿用卽乾初九勿用之意永貞守之以正也小象曰

位不當也九四陽爻其位不當終不可長也指小人言

110

六五密雲不雨自我西郊公弋取彼在穴○象曰密雲不雨已上也

六五變兌爲澤山咸爻䷞此爻先天對待之卦位也故有因而无果中

爻互變乾與中爻之巽成小畜故引小畜卦曰密雲不雨自我西郊言

互卦也凡互體下互係上體上互係下體下互變乾爲郊互兌西方之

象似坎爲雲雲在天亦飛象也中爻互變乾爲郊互兌西方之

卦也故曰西郊坎爲穴震爲公象文王彼以擬紂又坎爲弓弋之象小

象曰已上也小過宜上今五爻高而在上故曰已上雨下降之

物今已上不雨之象已字與上六已亢之已同作祀字解失之人心厭

紂而希文王代殷應此爻之象

上六弗遇過之飛鳥離之凶是謂災眚○象曰弗遇過之已亢也

上六變離爲火山旅爻䷷小過先後天同位之卦也故曰過今變離離

與震亦先後天同位然艮止之是勿遇也上六之位已極故曰過之離

111

即變之離也離為罔罟飛鳥附麗之是鳥在罔罟之中故曰離其象凶

災天災眚人禍變離災之象大象坎眚之象小象曰六六者過之極也

糾惡已極應此爻之象

三二既濟　離下坎上　先後天對待之卦位也京氏房曰坎宮三世卦

既濟事之既成也故鄭氏玄曰既已也盡也濟度也既濟爻爻得位為

坎宮卦九五爻為坎之正位故九五尤吉　中爻互坎互離　錯離坎

綜末濟

既濟亨小利貞初吉終亂

既濟者乾交離坤交坎皆全易之變化故曰既濟亨小猶言小亨也既

濟則亨矣而亨在于小何也因陰陽交則吉然二者相克即水火不相

射亂也因既濟濟民生之日用也為水火之大用而用之无節雖濟人

之物即可殺人既濟後天之位已動猶泰卦也故吉終亂指互言

象曰既濟亨小者亨也利貞剛柔正而位當也初吉柔得中也終止則亂

其道窮也

剛柔即卦爻一陰一陽相間此卦莫不得位是正而當也柔指六二言

得中因六二為內卦之中也初吉指下體也言離明在內也終亂指上

體也言坎險在外也止于難窮也

象曰水在火上既濟君子以思患而豫防之

水坎也火離也思者坎離皆心象患坎險也防者見幾之明指離言豫

事之先也如豫以水防火可以免患也水在火上烹飪象言飲食可以

濟人也

初九曳其輪濡其尾无咎〇象曰曳其輪義无咎也

初九變艮為水山蹇☶☵坎為曳又為輪又為水濡之象易例初為尾

因坎有狐象水冰則狐渡濡尾則狐不濟猶曳輪而車不行也因變艮

二十七

艮止也不行不濟艮止之象小象曰義无咎也時已濟不急進之意故

于義无咎

六二婦喪其茀勿逐七日得○象曰七日得以中道也

六二變乾爲水天需☵☰離中女婦之象離又爲雉茀之象茀鄭氏玄

曰車蔽也初爻輪車之所行也二爻茀車之所蔽也女子出門以茀蔽

之坎爲馬故能逐今變乾爲需需者待也故勿逐七日者先天數乾一

坎六得七後天數乾六坎一亦得七下離離爲日故曰七日此爻先後

天同位且得生成之大用得之象也小象曰以中道也以用也離之正

位爲二故曰中道

九三高宗伐鬼方三年克之小人勿用○象曰三年克之憊也

九三變震爲水雷屯☵☳高宗武丁殷中興之主也商王有廟號者三

太宗太甲中宗大戊高宗武丁而已商頌曰奮伐荆楚荆楚鬼方也因

南人尙鬼故曰鬼方下體離離南方也伐南方用舟震爲木舟之象虞

氏翻以坤爲鬼方干氏寶曰鬼北方國也離爲戈兵故稱伐坎當北方

故稱鬼史稱武丁三十有二祀伐鬼方三年克之之事然未言地之所在

故三說並存之因離爲戈兵變震動也動其戈兵伐之象離數三故

曰三年年者日月也坎離月月也坎爲隱伏令變震震動也隱伏已去

克之象離陰卦小也三爲人爻故曰小人中爻互變艮艮止也勿用之

象小象曰儆因變震中爻互變坤坤順也順則眈于逸不能習勞言偸

安則武備不修故儆

六四繻有衣袽終日戒〇象曰終日戒有所疑也

六四變兌爲澤火革三爻三此爻先後天同位故有因而无果虞氏翻曰

乾爲衣袽敗衣也繻者布帛端末之識也袽者殘幣帛可拂拭器物也

繻而爲衣袽之道也四處明闇之際貴賤无恆猶或爲衣或爲袽也至

終日戒虞氏又謂離為日坎為盜在兩坎間故終日戒又謂伐鬼方三

年乃克旅人勲勞衣服皆敝鬼方之民猶或寇竊故終日戒也因乾為

衣錯坤為布又為帛繻之象變兌兌為毀折衵之象六四離體已盡

離為日故曰終日戒者坎為盜之象也小象曰疑有盜故疑

九五東鄰殺牛不如西鄰之禴祭實受其福○象曰東鄰殺牛不如西鄰

之時也實受其福吉大來也

九五變坤為地火明夷☲☷此爻先後天同位也故實受其福受福吉

象也離在東坎在西先天卦位也鄭氏玄曰離為日坎為月日出東方

東鄰象也月出西方西鄰象也東者商也西者周也變坤坤為牛坎為

血卦殺之象也坎離皆心象坎中滿心之誠者也離中虛誠不足也言

殺牛以祭雖外表可觀然其誠反不如禴祭亦无益也論漢書郊祀志

作瀹以湯羮物也從水坎象也言約之殺牛以需其神祇不如西鄰之

116

繪祭能以誠爲貴也實既濟之九五爲泰之六四其小象曰皆失實也

之實同福者指變坤言坤厚德載福也小象曰時九五得位時也又坎

在四今坎與坤遇先後天同位亦得時也曰吉先後天同位故吉大來

者卽泰之小往大來也

上六濡其首屬○象曰濡其首屬何可久也

上六變巽爲風火家人☲☴易例上爲首坎爲水上六居水之深首之

象上六陰爻爲兌之正位兌上缺又爲毀折滅之象小象曰何可久也

人在滅頂之時何以能久

䷿未濟　坎下離上　先後天對待之卦位也京氏房曰離宮三世卦

未濟事在未成之時與既濟相反因後天離仍居離位坎仍居坎位故

曰未濟　中爻互坎互離　錯坎離　綜既濟

未濟亨小狐汔濟濡其尾无攸利

未濟未變之卦也與否類似亨指水火之功用小狐子夏傳曰坎稱小

狐老狐之別也以老狐識別較小狐爲能也干氏寶亦以坎爲狐既濟

未濟均言狐因狐能煉形得水火之功用也汔鄭氏玄曰幾也狐性多

疑堅冰始濟每冰時狐成羣結隊深夜濟河與人視冰上有狐足跡始

敢冰上行車迫冰將泮早數曰狐无濟者將濟濡尾在狐決不濟恐溺

也故曰无攸利

象曰未濟亨柔得中也小狐汔尾未出中也濡其尾无攸利不續終也雖

不當位剛柔應也

柔得中指六五陰爻言未出中也謂小狐汔于坎險之中九二雖得中

是未能出險之中也干氏寶曰言祿父不能敬奉天命以續

既終之禮謂叛而被誅也因干氏寶以狐喻祿父紂雖亡國祿父猶得

封也祿父得卦是續商也然爲一種之占卜非正確之易理也然由此

推之則續之義不難盡知朱子以爲不續終是首濟而尾濡不能濟不

相接續故曰不續終也以狐象言之實失全卦之本旨蓋未濟之卦係

否象既濟之卦係泰象泰否二卦是先天南北之位也亦卽先天東西之

通否則陰陽不交故塞既濟未濟後天南北之位也泰則陰陽交故

位也以後天論既濟則坎處離位乾處巽位艮處坤位震處兌位无往

而不濟者也至未濟離仍爲離坎仍爲坎其餘各卦皆居本位故曰未

濟在先天卦位亦復如是續者陰陽之摩盪令伏位于本宮則陽仍爲

陽陰仍爲陰无變化无窮通者也故曰不續終者未濟居六十四卦之

末也然爲先天變後天之初其道正未窮也此之所謂終者不過曰月

運行一寒一暑往則暑來循環之道也干氏以祿父受封解之處未

濟之時商德已亡若能敬奉天命不難續商之祚故雖非正義然猶得

易理也不當位者未濟陰陽相反也剛柔應者卦爻一陰一陽相應也

此卦以全體言為不當位以上下兩體分而言之爻爻得位故彖詞用

雖字具有深意

象曰火在水上未濟君子以慎辨物居方

火離也水坎也慎慎重也辨物者即分別物之陰陽也既濟言用故陰

陽相交未濟言體故陰陽不交方者未濟之體後天不易之位也坎

仍居坎方離仍居離方其他各卦亦如是卦之方位不易故曰居泰否

二卦之天地地天言交不交先天之體用也既濟未濟之水火火水言

止與續後天之體用也知泰與既濟夫然後知變易之理知否與未濟

夫然後知不易之理加以慎字以其未濟必慎而後可

初六濡其尾吝〇象曰濡其尾亦不知其極也

初六變兌為火澤睽䷥此爻與既濟初九之蹇相錯故小象曰亦亦

者指既濟言也當不可濟之時而濟必滅身之禍今知難而退濡其尾

而不濟尙不至于凶易例初爻爲尾極猶究竟也不知其極言不知水

之深淺也凡以下各爻莫不與既濟各爻相錯爻辭可互觀之

九二曳其輪貞吉○象曰九二貞吉中以行正也

九二變坤爲火地晉䷢坎變坤爲先後天同位故貞吉坎爲曳又爲

輪小象言中九二爲下體之中也行者變坤坤爲地言曳其輪能行于

地也

六三未濟征凶利涉大川○象曰未濟征凶位不當也

六三變巽爲火風鼎䷱變巽巽入也入于坎坎險也入于險未濟也

征進也征則凶巽爲風坎爲水中爻變乾乾健也風行水上如乾之健

利涉也此爻言未濟以卦象論是已入險中也再進則凶乃君子知幾

入險而求出險卽利涉大川也利涉大川言出險之方也或以征凶與

利涉文義不合疑利字上有不字其實利涉大川雖有出險之意進猶

未離乎凶未遽吉也小象曰位不當也三爲艮之正位今陰居之故位

不當

九四貞吉悔亡震用伐鬼方三年有賞于大國○象曰貞吉悔亡志行也

九四變艮爲山水蒙䷃鬼方南方也離之象又離爲甲冑爲戈兵即

中爻互變之震也震動也動用其甲冑戈兵伐之象此爻震動離中是

伐南方也離數三故曰三年變艮艮止也止其動克之則有

賞中爻互變坤坤爲邑國之象小象曰志行也坎與坤先後天同位志

同也震爲足行之象

六五貞吉悔亡君子之光有孚吉○象曰君子之光其暉吉也

六五變乾爲天水訟䷅此爻先後天同位也且得生成之大用因先

天之數乾一坎六後天之數坎一乾六揚氏雄太玄經一與六共宗是

也君子乾也光離也離變爲乾是爲君子之光有孚離中虛本有孚象

122

變乾又先後天同位同位者孚之至故曰吉言君子之光如日月之光

无所不照所謂光于四方是也小象言暉暉吉爻作◇中點象日之精

外象日光四射此爻之至吉者也

上九有孚于酒食无咎濡其首有孚失是○象曰飲食濡首亦不知其節

也

上九變震爲雷水解䷧此爻先後天同位之卦也有孚者因先後天

同位也下坎爲水酒之象食飲酒酒食也酒食有量過量則亂而孚失矣

易例上爲首飲酒則喪身如狐之濡首也是者指易之道也小象曰亦

不知其節也亦字指既濟之錯言飲食无度是不知其節也狐之濡首

亦不知其節也

下經終既濟未濟因水火之大用則在乾坤蓋先天之乾坤卽後天之

坎離而坎離之體用在既濟未濟二卦六十四卦之精神全具于此民

非水火不生活坎離所以濟民生之日用也今既濟未濟上下敵應坎

離也互卦坎離也錯卦坎離也綜卦坎離也以後天易而居先天之位

而其之變諸卦悉備集變易之大成也

易學經典文庫

錢塘沈紹勳撰

繫辭上傳

繫傳孔子所作中有子曰是門弟子所記故學者或有以十翼非全為

孔子所作者然固皆孔子之言也讀易宜先讀繫傳則事半功倍矣

天尊地卑乾坤定矣卑高以陳貴賤位矣動靜有常剛柔斷矣方以類聚

物以羣分吉凶生矣在天成象在地成形變化見矣

此言不易之理也一對一待卽一陰一陽易之象也天與地對待則尊

卑自見然後乾坤定矣三畫以象天坤之三耦以象地卑高者坤下

而卑乾上而高陳列也貴賤者陽爻為貴陰爻為賤位者正位也如乾

為九五之正位坤爲六二之正位不當卽不吉動靜者陰陽之氣也

陽喜動陰喜靜動靜相反是謂失常失常則亂剛柔者陰爲柔陽爲剛

125

動則性剛靜則性柔其性不同故曰斷斷者分也方謂天之方候物謂

地之形質類聚者日月星辰朝照中天是也羣分者飛潛動植分布大

地是也由天之方地之物以察人事蓋有類有羣天地之形氣備人事

之吉凶因之而生吉凶者爲易之大道非吉者永爲吉凶者永爲凶也

隨人事而定不趨吉亦爲凶能避凶亦爲吉象與形有別象雖可見於

事物爲屬於擬議者也形則不唯可見於事物爲屬於實驗者也變化

者如日月星辰之盈蝕晦明飛潛動植之生長收藏是也曰定曰位曰

斷曰生曰見易之大用也茍氏爽以乾坤定爲否貴賤位爲泰卽易之

逆數也

是故剛柔相摩八卦相盪

繫辭中有是故二字者學者當深思之是故指定位斷生見五者言也

相摩京氏房曰相磑切也馬氏融曰摩切也盪除也韓氏康伯曰相切

摩言陰陽之交感相推盪言造化之推移韓氏此注頗有見解惟切推

兩字可刪剛柔卽陰陽兩儀兩儀生四象四象生八卦八卦成六十四

卦六十四卦成四千九十六卦皆從摩盪而變化者也

鼓之以雷霆潤之以風雨日月運行一寒一暑

鼓董氏遇日動也劉氏蘇曰霆雷也震爲雷離爲電孔氏穎達曰鼓動

之以震雷離電滋潤之以巽風坎雨或離日坎月運動而行一節爲寒

一節爲暑道云震巽離坎不云乾坤艮兌乾坤上下備言艮兌非鼓動

運行之物故不言之其實雷霆風雨亦出山澤也

乾道成男坤道成女

以下言易之德鄭氏玄所謂三易中之易簡是也道卽一陰一陽之謂

道是也成乾卦者爲三男之卦十八變而成卦如乾三畫由震坎艮三

男而成一 艮☶ 一 坎☵ 一 震☳ 奇耦之數皆五五陽數也爲三此乾之

下體也至乾之上體亦爲震坎艮三男合之卽成乾卦此之謂乾道成

男至坤則由巽離兌三女而成　兌三　離三　巽三　奇耦之數皆四

四陰數也爲三重之爲三三三故曰坤道成女是也知其中變化之理卽

可知陽卦多陰陰卦多陽也然乾卦不必由震坎艮三男而成若三震

三坎三艮亦均能成乾卦也而巽離兌三女能成坤卦者三巽三離三

兌亦均能成坤卦也且不盡如此而已凡三陽卦皆能成乾三陰卦皆

能成坤也卦之成須十有八變如震爲陽卦其成也初爻爲奇耦之數

五故初畫一也二三兩爻奇耦之數皆四故二三爲二也亦十有八變

也其之變卽初爻爲坤二爻爲兌三爻爲離亦一男統三女也然震无

巽者巽在錯體之中也如巽爲陰卦其成也初爻爲奇耦之數四故初

畫一也二三兩爻奇耦之數皆五故二三爲二也亦十有八變也其之

變初爻爲乾二爻爲艮三爻爲坎亦一陰包三陽也然巽无震者震在

錯體之中也餘卦類推所謂十有八變者由大衍之數而來曰成謂成

卦之體也卦之成均先天之作用卦以天地象乾坤然人在天地之中

有男有女男陽女陰以相對待亦乾坤之大道也

乾知大始坤作成物

成男成女爲剛柔之摩盪而來於是乾坤定矣乾者陽明也故能知此

知字即知此之謂也此即元氣也大即乾元也始者萬物資始也作與

化字同意坤能與乾化則陽施陰受而萬物生焉邵子曰始謂始其氣

成謂成其質知者主之而无心作者爲之而有迹蓋知始成物之本惟

乾坤而已因乾能資始坤能資生也

乾以易知坤以簡能

項氏安世曰萬物之始一而巳矣其理安得不易及其成也成夫一而

已矣其事安得不簡簡亦易也乾能資始其功出于自然坤能資生順

乾而已是簡能也

易則易知簡則易從易知則有親易從則有功有親則可久有功則可大

可久則賢人之德可大則賢人之業

上言乾以易知坤以簡能兩以字是言乾坤之本性此言易則易知簡

則易從兩則字是言人之學易于乾坤二卦入手之處故有親有功兩

有字不可忽讀有者蓋言有一種憑藉之物其物即乾坤二卦是也有

親言乾德萬物資始无所不容也有功言坤德萬物資生无所不納也

可久者即乾之自彊不息可大者即坤之含弘光大也賢人者姚氏信

曰乾坤也言乾以日新其德坤以富有為業也

易簡而天下之理得矣天下之理得而成位乎其中矣

易簡即无爲而治之意无爲者赤子之心不爲一毫私欲所蔽知大始

能作物順天而行合三才而爲一天地之心即吾之心天地偶有崩坼

而吾心渾然如一太極明明白白一无虧損是天下之理始得成位本

義謂成人之位是也然成卦位亦如是蓋成卦位除戊己不可其中因

戊己在中也易之成位全在戊戊爲五己爲十即孔子五十學易是

也人之成位在一仁字中庸參贊位育无非一仁而已矣

右第一章　言乾坤二卦之大用以配天地而人在天地之中天地之

造化由人事而定之人事者何仁而已矣此聖人作易之要旨也

聖人設卦觀象繫辭焉而明吉凶

聖人即作易之人也設備也畫卦之次序也觀玩也象有天象有地象

有人象有物象觀象不泥于物而物物皆在其中所謂仁者見仁智者

見智是也繫辭者如乾之元亨利貞是也吉凶者繫于繫辭之下而辨

別之也虞氏翻本吉凶下有悔吝兩字

剛柔相推而生變化

此言由八卦而及于六爻也剛柔相推卽九六之變化學者取八純卦

觀之如乾之六爻之變乾陽也用九則變陰故乾之變皆巽離兌三女

也如坤之六爻之變坤陰也用六則變陽故坤之變震坎艮三男也

乾之變爲姤同人履小畜大有夬坤之變爲復師謙豫比剝坎之變爲

節比井困師渙然比師在坤之中此二卦皆謂之歸魂謂復歸于坤是

後天歸先天之位也離之變爲旅大有噬嗑賁同人在

乾之中此二卦亦皆謂之歸魂謂復歸于乾是後天歸先天之位也震

之變爲豫歸妹豐復隨噬嗑然豫與復爲坤之變豐與噬嗑爲離之變

惟歸妹與隨未見坤離之中此兩卦亦歸魂也艮之變爲賁蠱剝旅漸

謙然剝與謙爲坤之變賁與旅爲離之變惟蠱與漸未見坤離之中此

兩卦亦歸魂也巽之變爲小畜漸渙姤蠱井皆見乾艮坎之變之中兌

之變爲困隨夬節歸妹履皆見坎震乾之變之中此人生之大用近之

而身心意知推之而家國天下无時不以是爲樞紐焉撮其要不

過修吉悖凶盡之矣八純卦之變合原卦得三十有二爲六十四卦之

半再加以十二辟卦之理極變化之能事矣至變化之樞機實在乾坤

二卦之中故首章僅言乾坤而不及六卦者放之則彌六合卷之則退

藏於密而已

是故吉凶者失得之象也悔吝者憂慮之象也

是故兩字承變化而言之也吉凶悔吝失得憂慮以易象見諸人事也

洪範占用二曰貞曰悔貞者正也悔者悔其不正以歸於正也易用吉

凶悔吝四字蓋順理之謂吉逆理之謂凶知過必改曰悔有過不改曰

吝吉凶悔吝生于心非生于象也象之吉凶悔吝假象也人心之吉凶

悔吝眞象也諺曰人定勝天有至理存焉所謂定者定吾心之吉凶悔

吝而已心知其吉則趨之心知其凶則避之心知有過則能悔心知悔

133

過則不吝如是則天之吉凶悔吝自然人力能勝之豈虞言哉失得憂

慮虞氏翻曰吉則象得凶則象失悔則象憂吝則象虞也慮虞氏作

虞

變化者進退之象也剛柔者晝夜之象也六爻之動三極之道也

上言由剛柔而生變化此先言變化後言剛柔其義一也易之用九用

六卽變化也其所以用九用六者進退也荀氏爽曰春夏為變秋冬為

化息卦為進消卦為退剛為乾柔為坤乾為晝坤為夜語雖至理非初

學所能解蓋柔變剛進也卽陰爻變陽爻也剛化柔退也卽陽爻化陰

爻也晝曰剛夜曰柔曰晝明陽也故剛夜晦陰也故柔孔子恐人未

能明剛柔之理故以晝夜象之使人易明耳卦本不動也今以用九

六之故則爻自動動則變化剛柔之象見謂陰陽相見也三極馬氏融

曰三統也鄭立曰三才也三才者卽天地人也凡卦初二為地三四為

人五上爲天三極之極與易有太極之極有別太極至極无對之稱三

極者大至天地小至事物莫不各有其極也王氏蕭以陰陽剛柔仁義

爲三極陸氏績以下極中極上極爲三極未免膠柱鼓瑟矣

是故君子所居而安者易之序也所樂而玩者爻之辭也

是故二字仍指變化言居則不動參觀下節居與動相對安居不變之

意卦也序京氏房日次也即序卦之序言有一定之次第也卦之序不

變者也爻者變也爻之辭尙變故吉凶悔吝因其變而生焉爲玩虞氏

翻曰弄也玩樂觀其變之意安居指一卦之理玩辭指一爻之旨也

是故君子居則觀其象而玩其辭動則觀其變而玩其占是以自天祐之

吉无不利

是故兩字重言卦與爻有別也居與動相反卦本不動讀者觀象玩辭

可也爻由動而來故讀者當觀變玩占夫然後可一則言讀卦之法一

則言讀爻之法不可混而爲一卦之大象主靜一爻之變化主動故

動與變有別動則陰陽將分變則陰陽已分如陽變陰陰變陽則爻之

變是在動之後學者能知其機占而明其變則天人合一之旨明如指

掌是以自天祐之吉无不利者也此兩句引大有上九爻辭因上九先

後天同位之卦藉以明天人合一之旨言人之力能格天也

右第二章　此章言卦與爻之別以明變化之大用也

彖者言乎象者也爻者言乎變者也

彖卦辭文王所作也爻爻辭周公所作也象曰仁也爻者因也吉凶悔

吝无咎果也象指全體言象也爻指一爻言變也爻必變卦有六爻一

爻一變此大致也蓋陽畫爲一奇也陰畫爲一耦也而爻則非陰非陽

非奇非耦故尙變也故傳曰爻者效天下之動也不動則不變不變則

不能成爻

易學經典文庫

吉凶者言乎其失得也悔吝者言乎其小疵也无咎者善補過也

其指易言疵馬氏融曰瑕也此章言吉凶悔吝添入无咎无咎之下特

揭一善字欲人之悔過也善者嘉之也咎過也補過則无咎易言果大

別之有七曰凶曰悔曰吝曰无咎曰无不利曰吉凶不若屬不

若悔悔不若吝吝不若无咎不若无不利无不利不若吉是也一

爻之變得時則吉失時則凶

是故列貴賤者存乎位齊大小者存乎卦辨吉凶者存乎辭

是故兩字指爻而言之也存察也爻者由卦而來卦有定體如乾之初

九變姤其位之貴賤仍在乾不在姤卦之大小仍在乾不在姤辭之吉

凶不在乾亦不在姤在初九潛龍勿用也列陳也齊者折中之意辨京

氏房曰明也董氏遇曰別也

憂悔吝者存乎介震无咎者存乎悔

此兩句朱子別爲一節誤今承之便學者而已介者相見之意言爻既

變不以卦之悔吝爲悔吝亦不以爻之悔吝爲悔吝其悔吝在卦與爻

之間易以憂爲吉憂則悔吝自去震馬氏融曰驚也王氏肅曰動也動

即卦之動而爲爻也動則无咎言人知愧悔然後能補過也馬氏融以

驚釋震同

是故卦有大小辭有險易辭也者各指其之

卦指全體言辭指一爻言是故兩字仍分別象爻之不同也險京氏房

曰惡也即艱也易京氏房曰善也即簡也各指其所之言君子小人之

別也言吉者在小人无知妄作亦凶言凶者在君子改過修德亦吉故

特用各字以別之讀下章自悟

右第三章　此章釋卦爻辭之例並明爻之大用

易與天地準故能彌綸天地之道

138

準京氏房曰等也鄭氏玄曰中也平也彌綸京氏房曰彌遍也綸知也

王氏蕭曰纏裹也易為聖人所作其與天地相等者易道廣大無所不

包聖人與道為一能盡之也人在天地之中天地之精蘊待聖人而後

發之其德足以配天地矣

仰以觀于天文俯以察于地理是故知幽明之故原始反終故知死生之

說精氣為物遊魂為變是故知鬼神之情狀

仰陽也天文者日月星辰也俯陰也地理者山川動植也觀者所見昭

著也察者所見切近也以者以易之理也幽指地言因坤迷也明指天

言因乾大明也幽明之故卽鼓之以雷霆潤之以風雨日月運行一寒

一暑而已原者推其本也反者復其位也死生卽後天卦位之艮坤也

乾坤鑒度以坤為人門言能資育人倫也艮為鬼冥門言鬼其歸也精

氣聚而成物是氣之所聚為八純卦及歸魂卦然八純卦六爻之變每

卦必有歸魂二是歸魂其氣仍全聚于本卦之內也游魂者與歸魂相

反其氣不泊于本宮而泊于對宮是也如後天乾宮諸卦有八首乾☰

三次天風姤☰☴三天山遯☰☶四天地否☰☷五風地觀☴☷六山

地剝☶☷七火地晉☲☷八火天大有☲☰今人以為京氏房所創謂

之京房易豈知自首至六為辟卦卽授時明歷之用自有歷法卽有此

數矣火地晉卽游魂卦也因先天乾坤對待至後天乾所居之卦屬離

今離不在乾而在乾對宮之坤不能反歸本宮故曰游魂至歸魂卽火

天大有則先後天同居一位故曰歸魂游魂則氣散鬼之象也精氣卽

一陰一陽之道也陰陽得其道神之象也下是故兩字承上精氣游魂

言也鬼神者二氣之良能也易之先天體也後天魂也乾在乾位體也

後天之離居先天之體魂也魂在乾之對宮之坤不能反于本位游魂

也反乾本位歸魂也

與天地相似故不違知周乎萬物而道濟天下故不過旁行而不流樂天

知命故不憂安土敦乎仁故能愛

此節四故字皆指彌綸言與天地相似者易之理卽天地之理故曰相

似也不違者言易不違天地之理卽易與天地準

之意萬物者言易之道无所不包故荀氏爽曰二篇之冊萬有一千五

百二十當萬物之數故曰知周乎萬物也蓋天地之氣交能周萬物不

過者王氏凱沖曰知周道濟洪纖不遺亦不過差也旁行者侯氏果曰

應變旁行也九家易曰旁行周合六十四卦月主一卦爻主一日歲旣

周而復始也流溢也不流者日行適合周天度數而不溢也樂天者知

天時也如四時錯行日月代明順其序而修身是樂天之本旨也知命

者知天之命天之所命吉吾則趨之天之所命凶吾則避之天无言果

何以爲天命之徵乎亦徵之人心而已惠迪吉從逆凶聖賢以人心之

趣向覩天心之趣向卽百不失一矣不憂者言人能樂天知命自視富

貴如浮雲所謂見其大而忘其小知此卽樂境也不能知此又烏樂樂

由於知也安土木之象敦土之象仁者敦于安土者也故不違者知易

也不過者守易也不憂者能明易也至能愛以知以守以明之心擴而

充之則義文周孔以來其人亦尟矣

範圍天地之化而不過曲成萬物而不遺通乎晝夜之道而知故神无方

而易无體

此言易之本也曰不過言有一定之次序也曰不遺言无所不用其極

也曰通因乾坤而作八卦以通神明之德也範模也圍周也鑄器之模

形也天地乾坤也天地之化卽乾坤之化也曲卽中庸其次致曲之曲

也侯氏果以陰陽二氣委曲成物不遺微細也與致曲之理合晝夜之

道卽剛柔之過其實一陰一陽之道也亦卽乾坤之道也通此道而知

即隨之矣神神妙不測之意故无方易本有體也然以變化之故故无

體蓋誠能格天人與天地相似凡天地變化之失常者即人心之所感

召也

右第四章　此章言易之道即天地之道易之道天地莫能外也

一陰一陽之謂道

白虎通曰一陰一陽之謂道太極元氣含三而為一也其實一陰一陽

皆戊己之作用太極中藏戊己之氣其氣與先天之乾相遇即為後天

之離乾之中爻為戊離之中爻為己戊己交者氣也太極算无二上故

曰元氣含三者一戊一己而已合而為一仍太極也乾鑿度謂易

一陰一陽合而為十五之謂道雖就後天言亦的解也謂字一氣貫注

易之精神全萃于此以无形察有形道之體用始備

繼之者善也成之者性也

143

姚氏配中曰繼續也六十四卦相受不外陰陽而終成既濟故繼之者

善性陰陽之性卦爻各成其陰陽故成之者性姚氏所說善矣而未盡

蓋道自然而无爲渾然于天地之中繼之成之之全由乎人然人何以能

繼之成之則必由於知易也善者指乾坤兩卦言乾萬物資始也坤萬

物資生也性指其餘各卦言物所受謂之性因餘卦皆有善有不善性

也

仁者見之謂之仁知者見之謂之知百姓日用而不知故君子之道鮮矣

仁者見仁知者見知言易理所包者廣其道在人而已故易有象有數

理卽行乎其中易之道在一陰一陽此一陰一陽也象雖有物可象

然在擬議之間故仁者見仁知者見之謂之仁知君子見之則居

易以俟命小人見之則行險以徼幸盈天下之間皆易也大至天地小

至日用事物莫非易也百姓氣拘物蔽而昧于陰陽之道以爲理所當

然而不知其所以然不能察其道而以易爲依歸也鮮焉馬氏融曰少也

顯諸仁藏諸用鼓萬物而不與聖人同憂盛德大業至矣哉

陰陽之道生生不已人目皆見之故曰顯諸仁陰陽之道一張一弛人
目不能見之故曰藏諸用其氣運行鼓動萬物使順其序而生成故天
地之道卽陰陽之道也不與聖人同憂者聖人之心以民胞物與爲懷
世之吉凶聖人視之以爲一己之吉凶故恆憂程子曰天地无心而成
化聖人有心而无爲无心故无憂有心故有憂德業兩字見第一章曰

盛曰大不可復加之意

富有之謂大業日新之謂盛德

富有曰新姚氏信謂乾坤二卦王氏凱冲曰物无不備故曰富有變化
不息故曰日新

生生之謂易

二十一

重言易之六用一陰一陽生生之象易道變化无窮无非生生而已生

生者仁也即太極也

成象之謂乾效法之謂坤

重言乾坤二卦以明一陰一陽之道乾爲天在天成象日月星辰是也

坤爲地地承天而行效法之象也

極數知來之謂占通變之謂事

極一陰一陽之數以前知未來之吉凶故謂之占事者虞氏翻曰變通

趣時以盡利天下之民謂之事業也占者以天地之氣由人憑藉陰陽

之道以明其理然後擇其利天下萬民者而行之此之謂事

陰陽不測之謂神

神者易道之神也孟子有言大而化之之謂聖聖而不可知之之謂神

右第五章　此章言易之道即一陰一陽之道也天地无非一陰一陽

146

聖人知陰陽之道擴而充之以爲盛德大業也以盛德大業盡易之功

用始爲能讀易矣

夫易廣矣大矣以言乎遠則不禦以言乎邇則靜以正以言天地之間則

備矣

此言人在天地之間盡人之事即盡天地之事也凡天地之事皆備於

人於何見之陰陽之道而已天地者表示陰陽者也盡陰陽之道者惟

人爲能由此觀之天陽也地陰也人則一陰一陽之道也遠者指天即

乾也邇者指地即坤也乾自彊不息故不禦坤柔順利貞故靜而正以

乾坤喻天地人在其中達天地造化之機惟人能之故能盡易道之廣

大在人而已

夫乾其靜也專其動也直是以大生焉夫坤其靜也翕其動也闢是以廣

生焉

147

乾坤各有動靜惟動靜各有不同其不同者即其功用也同則无所謂

專直亦无所謂翕闢是孤陰不生獨陽不長而已然人爲萬物之靈觀

男女對待則動靜之理无一不備重言生字以乾坤喻男女也此所謂

生无非仁之理而已大生與廣生有別乾資始大生也坤資生廣生也

廣大配天地變通配四時陰陽之義配日月易簡之善配至德

廣大即上節廣生大生配天地指先天卦位言也天地乾坤二卦也乾

坤二卦爲先天數之始終乾一坤八天地之數之始終即易道之廣生

大生也變通者指後天卦位言也四時冬至日在坎春分日在震夏至

日在離秋分日在兌此四時由先天變後天而來故曰變通陰陽者先

天乾坤也後天坎離也後天居先天之位故曰義與衆共之之意日月

即坎離是也易簡者言易之卦德是一陰一陽之道也能知其道則三

極之道備矣非至德者孰能盡之此節重在配字配即一陰一陽之謂

148

右第六章　此章言易道全在乾坤

子曰易其至矣乎夫易聖人所以崇德而廣業知崇體卑崇效天卑法地

子曰即孔子門人述孔子之辭也至即上章至德之至也言易之德无

有能出于其上者也崇盛德者崇盛德也廣業者廣大業也天地即乾坤

效法即人事也

天地設位而易行乎其中矣成性存存道義之門

天地設位指天地有崇廣之妙中邵子謂之天心行即易變化无非隨

天心而轉移而已成性見第五章存即乾乾之知終終之可與存義也下

存字言物之能存之理猶今言實在也楚辭壹氣孔神兮于中夜存虛

以待之兮无為之先存者虛之對孔疏存其萬物之存是也蓋萬物皆

中之道有性與存始可不失然成之存之而後能使之不失者惟人而

已矣門虞氏翻謂乾爲道門坤爲義門陽在道門陰在義門是也

右第七章 此門弟子記孔子之言申明前章之義此以下至十二章

皆門弟子所記

聖人有以見天下之賾而擬諸其形容象其物宜是故謂之象

此言易之象也象者雖爲可見之物而非可執取故謂擬諸形容賾孔

疏幽深難見也此章其字皆指易也

聖人有以見天下之動而觀其會通以行其典禮繫傳焉以斷其吉凶是

故謂之爻

爻者言乎變者也動則變是爻與象之別也觀爻之旨在與卦象會通

而已故卦六爻陰陽變化各有所會各有所通與本卦之旨均有關係

不能舍其卦而言爻也卦則可不藉乎爻爻則必不能離乎卦典禮胡

氏煦曰常法也其實卽先後天同位也先後天卦位有條不紊如典禮

150

也同位對待則吉得位亦吉或同位對待而不得位亦凶也斷者察定

之意知此理則吉凶之兆可斷矣

言天下之至賾而不可惡也言天下之至動而不可亂也

象雖至賾然學者當深究其理而不可厭惡爻雖至動然學者當分究

其理而不可紊亂此爲讀易之要訣學者每讀一卦識此勿忘久之自

然洞悉本原矣

擬之而後言議之而後動擬議以成其變化

易之爲書也无一字虛下今之解易者棄卦德卦象卦位卦體卦名卦

數置而不講鑿空解釋合于理者千百中无一語也擬象之道知此象

當如是然後言之則得其象也既知其象卽可知將變何爻議審明之

意知象之將動審明其陰陽大小上下剛柔正位旁通之理則動之機

自知矣夫然後可知動之機矣擬議既明變化之道自能知之下舉七

例以明之七例皆爻也非卦也

鳴鶴在陰其子和之我有好爵吾與爾靡之子曰君子居其室出其言善

則千里之外應之況其邇者乎居其室其言不善則千里之外違之況其

邇者乎言出乎身加乎民行發乎邇見乎遠言行君子之樞機樞機之發

榮辱之主也言行君子之所以動天地也可不慎乎

解見中孚九二爻䷼孔疏上略明擬議而動故引鶴鳴在陰取同類

相應以證之居其室釋鶴在陰也言喻鳴也應者喻和也違者喻不和

也身喻我也民喻爾也此言象與爻之變化凡卦之可擬議者莫不如

是孔門弟子舉七爻為例使學者自悟耳中孚上巽下兌兌為口言之

象互艮艮為門闕門以內居室之象變震震為足行之象孔子以千里

之外擬之言震動之極也震驚百里兌七震三合之為十百里之十千

里也曰遠邇震之象曰震驚百里震遠而驚邇也且上巽巽為風如風

之發亦遠邇皆聞之也樞機卽中央戊已變化之大用也中孚先後天

同位也九二變爲風雷益亦先天對待變化之大用至矣兌爲口在上

榮也震爲足巽爲股在下辱也今上下不定似樞機然可榮可辱在人

事而已中孚之九二風雷益九五乾居正位今變震坤得正位 坤之正位由變

而來故不曰居而曰得 天地之道也動則天地之道得故曰動天地此言人之言行

與天地之氣通也

斷金同心之言其臭如蘭

同人先號咷而後笑子曰君子之道或出或處或默或語二人同心其利

解見同人之九五☰☱中爻互兌巽兌見而巽伏或出或處也巽爲不

果兌爲口或默或語也同人之九五爲重離二五應皆中虛易不言心

心虛之謂也二指上體下體也人卽同人也故曰二人同心金乾也利

者言金之鋒也乾變爲離離中虛則乾之金已斷故曰其利斷金中爻

互變兌兌爲口舌言之象互巽巽爲臭巽爲柔木蘭柔木之貫

者莫如蘭故以蘭象之臭如蘭善言也孔疏此節未言擬議之詞惟俟

果曰同人九五爻辭也言九五與六二初未好合故先號咷而後得同

心故笑也引者喻擬議于事未有不應也

初六藉用白茅无咎子曰苟錯諸地而可矣藉用白茅何咎之有愼之至

也夫茅之爲物薄而用可重也愼斯術也以往其无所失矣

解見大過初六爻義二爻孔疏欲求外物來應必須擬議謹愼則物來

應之故引大過初六藉用白茅无咎之事以證謹愼之理也苟王氏引

之曰猶但也錯卽錯卦也大過巽在下初六變乾乾錯坤坤爲地故曰

錯諸地可者言但置諸地而已可也白茅至輕之物因大過下巽也今

棟撓若上用重物以蔽之則不撓者幾希但蔽以至輕之白茅雖將撓

之棟因重量无幾之物亦能任之也故曰无所失

勞謙君子有終吉子曰勞而不伐有功而不德厚之至也語以其功下人

者也德言盛禮言恭謙也者致恭以存其位者也

解見謙之九三爻䷎孔疏欲求外物之應非唯謹愼又須謙以下人

故引謙卦九三爻辭以證之矣中爻互坎坎為勞卦也坎錯離離麗也

烜于人伐之象三與五同功而異位然三多凶有功以自居致禍之道

德謙德之本也厚者九三變大象似坤坤為地厚之至也坤又承天而

行下人者也下體艮錯兌兌為口言之象也盛者坤之象曰

坤厚載物德合无彊盛之象禮者謙以制禮也恭坤道柔順利貞也原

艮艮止也致之象今變坤故曰致恭存位有終之象也

亢龍有悔子曰貴而无位高而无民賢人在下位而无輔是以動而有悔

也

解見乾之上九䷀文言與乾卦文言同孔疏上既以謙得保安此明

无謙則有悔故引乾之上九亢龍有悔證驕亢不謙之義也

不出戶庭无咎子曰亂之所生也則言語以爲階君不密則失臣臣不密

則失身幾事不密則害成是以君子愼密而不出也

解見節之初九爻 ䷧ 孔疏又明擬議之道非但謙而不驕又當謹愼

周密故引節初周密之事以明之也坎險也變坎爲習坎險之至也兑

爲口言語之象言言語遭險亂也階艮爲門闕階之象艮止也不出之象

不出者言君子之言不出于戶庭之外愼密之至也幾者指先後天同

位也坎兑本先後天同位今變坎坎兑又同位中爻艮震又同位密之

至也

子曰作易者其知盜乎易曰負且乘致寇至負也者小人之事也乘也者

君子之器也小人而乘君子之器盜思奪之矣上慢下暴盜思伐之矣慢

藏誨盜冶容誨淫易曰負且乘致寇至盜之招也

解見解之六三爻⚎⚏孔疏此又明擬議之道當量身而行不可以小

處大以賤貪貴故引解六三爻辭以明之矣六三變坎爲巽坎爲盜其

盜明矣坎爲淫巽爲近市利三倍卽慢藏誨盜象也盜者非眞盜也凡

小人乘時竊位均可以盜目之負者背也中爻變錯艮言也負者勞力

者也下坎坎爲輿乘之象乘者勞心者也君子小人不以其業分而以

其德分今負者而乘是小人用事名器斯濫矣致指錯艮言艮有致之

象如舜之耕漁陶遂時傅說之版築呂尚之釣皆勞力者也用之則天

下治以皆有君子之德也若不如舉賢才而用小人遂致人人生盜竊

名器之心而天下亂矣錯艮艮爲手奪之象也中爻水火相

克伐之象上慢六五乾不當位也下暴九二剛居乾位也中爻互變兌

兌爲口誨之象又兌西方之卦也物之收成之時也原坎冬也卽藏也

冶者所以陶鑄方圓中爻坎離水火之功用也今離變爲乾乾爲金金

為火所鎔冶也又乾為首容之象一小人用而眾小人皆思竊位盜由

是起是致寇至也冠何以能至用盜所致故曰盜之招也

右第八章　此門人記述孔子擬議卦爻也即文言也讀此可知孔子

贊易時六十四卦皆有文言也孔疏此章頗有見地故全錄之同人九

五孔疏未解故引侯氏果之說以補之

天一地二天三地四天五地六天七地八天九地十

天一地二指先天卦位言也變之亦後天卦位言也大衍之數五十指

成卦而言也後人謂天數五一節宜在大衍之數五十一節下誤也蓋

不知先天後天與大衍之別而已先天卦位自乾至坤乃一至八也其

數无九无十而此言九十兩數何也此九即藏在太極之中若判

而為二即是兩儀一陰一陽之之謂道是也此九此十可名為天地之

心又可名中央戊已土先天之變後天即此土之作用或曰戊已不過

易學經典文庫

象其物耳其實此中果无所謂物而物在其中果无所謂陰陽而陰陽

亦歸納其中是一種大氣也此大氣之摩盪必藉陰陽而始動若孤陽

獨陰則不生也能明其理則一部大易无所不知矣蓋先後天之數各

五十有五大衍之數祗五十其數不同不可混而爲一也

天數五地數五五位相得而各有合天數二十有五地數三十凡天地之

數五十有五此所以成變化而行鬼神也

此言先天變後天也詳見拙作示兒錄五位相得一句說卦之理全在

此句因无往而非五也合之一字爲全易生死之關鍵

大衍之數五十其用四十有九分而爲二以象兩掛一以象三揲之以四

以象四時歸奇于扐以象閏五歲再閏故再扐而後掛

此演卦之法而後世以爲用于卜筮隘矣先儒註釋此節議論最多五

十者京氏房以十日十二辰二十八宿爲大衍之數去一不用謂天之

生氣將欲以虛求實故用四十有九爲鄭氏立以五十有五減小數五

爲五十荀氏爽以卦各有六爻六八四十八加乾坤二用凡有五十姚

氏信之說與荀相似崔氏憬以參天兩地立論豈知參天兩地卽用九

用六與此節又不相合唐以後解此者更支離不可究詰朱子以河圖

天五乘地十而得之云云雖已道着然究未明其理今之所謂河圖者

卽先天之數也大衍與太極異此互古解易者所未知之者也太極之

數九十兩數在中先天之學也大衍之數五十兩數居中因後天之數

皆對待如坎一離九震三兌七乾六巽四坤二艮八皆對待而合十合

之得四十其數无五无十此五卽在大衍之中相乘得五十此五

十天理自然之數非出太極而出于大衍也蓋太極之數不可捉摸而

大衍之數可以擬議者也朱子以爲五十之數出于河圖然細玫之則

出于洛書也因河圖九十居中故也且太極與大衍有別若无別則何

必增一名目混淆人之耳目此作易者所不爲也合十爲大衍故于氏

寶曰衍合也頗有見地其用四十有九去一虛二是後人解說原文无

有也今曰其用四十有九是以大衍之數以演卦理去其一者以一象

太極而擬議之辨別其陰陽也故子夏傳曰一不用者太極也一者何

許氏愼曰惟初大始道立于一道分天地化成萬物是也老子曰道生

一是也故一以象太極將五十之數先置一焉以明尊无二上不可在

分而爲二時再用一也一分而爲二將四十有九之數分而爲二也此象

兩儀也掛者就兩儀數中取其一于小指間而配兩儀此象三才也一

不掛則每變所得之數皆爲純陽故掛一始能成爻揲孟氏喜曰閏持

也鄭充玄曰取也四者將兩儀之數以四爲一策以象四時也奇者以

四數之所餘之數也若餘數適得四卽歸四焉扐馬氏融曰指間也卽

掛一于指間以象閏也因閏爲歲餘歸奇之數卽餘數也惟閏所以象

之而已五歲再閏始成一爻始數盡陽儀之數再數盡陰儀之數將兩

儀所得之數與掛一之數合併之得四五爲陽數八九爲陰數得一易

謂之變三掛而成一爻卽三變也至十有八變始成一卦

乾之策二百一十有六坤之策百四十有九凡三百有六十當期之日

此節古人注釋惟荀氏爽之說最可採然亦未能貫徹蓋太極生兩儀

兩儀生四象四象生八卦而來學者不可不知之三百有六十之數乾

坤兩卦之策也亦其餘六卦之策也因其餘六卦雖非純陰純陽九六

並用亦能合三百六十之數者何也然觀先天相錯之理坎离之數三

百有六十也巽震之數三百有六十也艮兌之數三百有六十也以後

天之數言之四正之卦對待皆三百有六十四維之卦乾坤相介亦

三百有六十也艮巽相介亦三百有六十也是故否泰二卦否七月卦

也泰正月卦也其數得乾坤二卦之半數適一百有八十日乾之策二

百一十有六乾☰☰奇六畫而成其成卦之理由太極兩儀四象而來

以乾用九之數與四象相因得三十六策再以六爻因之得二百一十

有六坤☷☷耦六畫以坤用六之數與四象相因得二十四策再以六

爻因之得一百四十有四合之凡三百有六即一歲之日數也當期之

日當適當也即一歲六日置閏是也以象六爻也然期日一歲六日有

餘以象六爻不過用其大數而已

二篇之策萬有一千五百二十當萬物之數也

二篇即上經下經也陰陽兩爻之數各百九十二陽爻之數九與四象

相因得三十六再與百九十二相因得六千九百一十二陰爻之數

六與四相因得二十四再與百九十二相因得四千六百八策合之得

此數當適當也以象萬物也

是故四營而成易十有八變而成卦

是故指大衍之數而言四營用四十九一營也分兩二營也掛一三營

也揲四四營也四營而成易卽變也三變爲爻十有八變爲六爻卽

一卦也言演易成卦須十有八變也凡策數三十六老陽也二十四老

陰也二十八少陽也三十二少陰也老陽老陰之數其揲三變之數必五

與四又四合之得十有三以減四十九得三十六是爲老陽老陰之數

其揲得三變之數必九與八又八合之得二十五以減四十九得二十

四是爲老陰少陽之數其揲得三變之數必五與八又八合之得二十

一以減四十九得二十八是爲少陽少陽之數其揲得三變之數必九

與四又四得十七以減四十九得三十二是爲少陰雖數至繁千變萬

化然窮得其究竟不過三十六與二十四也二十八與三十二也復以

四除之三十六得九陽之極也二十四得六陰之盛也二十八得七陽

之退也三十二得八陰之進也總而言之无一而非成數也

八卦而小成

八卦者猶未能盡萬物之理故曰小成

引而伸之觸類而長之天下之能事畢矣

一卦可變六爻卽可變六十四卦六十四卦可變四千九十六卦天下

萬事皆在其中故曰畢也

顯道神德行是故可與酬酢可稱祐神矣

顯道顯易之一陰一陽之道也顯神顯易之陰陽不測之謂也顯德顯

易簡之善配至德也顯行顯鬼神之理也與王氏引之曰猶以也言可

以酬酢可以祐神也九家易曰陽往爲酬陰來爲酢陰陽相配謂之祐

神也或以賓主飲酒之禮解之祐作侑解與九家易義通

子曰知變化之道其知神之所爲乎

此孔子贊美之辭言知易變化之道然後知神之所爲蓋神之陰陽不

測人力不能知之惟易能知之然易無言也其神妙不測由人成象觀

變而知之故能知易者惟人而已矣

此章明天地之數及演易之理

易有聖人之道四焉以言者尚其辭以動者尚其變以制器者尚其象以

卜筮者尚其占

以用也尚取也言與動爲形而上者謂之道制器爲形而下者謂之器

至卜筮則道與器皆備也辭卦辭也文王之所作也變爻變也象者其

形可見而能擬議之者也以象而制器則所見者皆具其形則象不虛

見也占者卽周公所作爻辭取其占而尚之以明吉凶悔吝之道也辭

變象占易也辭象卦也變占爻也當辨別之不可混而爲一也

是以君子將有爲也將有行也問焉而以言其受命也如嚮无有遠近幽

深遂知來物非天下之至精其孰能與于此

166

是以指聖人之道也言與制器有爲也動與卜筮有行也言人問易之

理重在以言也而變動與制器卜筮三者其次也以言卽以文王卦辭

也人能明其理如受易之命能昭示于我天下之事物无有不顯故辭

爲至精者也此指言也其孰能與于此三句此節指言下節指動與制

器三節指卜筮漢宋諸儒皆未分疏今明其義各有所指如是

參伍以變錯綜其數通其變遂成天下之文極其數遂定天下之象非天

下之至變其孰能與于此

文一本作爻此節言動與制器也成天下之文定天下之象動與制器

明矣動固至變也制器雖有規矩然人心之智巧不囿于成法此孔子

所謂開物者也物待人而開發亦至變者也參伍變之道也朱子本義

參者三數之也伍者五數之也此言中爻也參伍猶三五也以其爲中

爻之三五故變其字形爲參伍以表之是當時讀易之法不解此法則

反成窒礙矣蓋中爻之關鍵在四曰參曰伍以卦畫論適在四之上下

參者爲中爻之樞機伍者爲中爻之末能明其理則卦卦皆能通之陰

陽對待爲錯上下倒置爲綜言卦之旁通也中爻交互變之至也能通

其變則成文卦氣旁通錯則先天之卦位皆通綜則卦畫之流行不常

陰陽之數相等亦變之至也故能極其數則定象極窮也

易无思也无爲也寂然不動感而遂通天下之故非天下之至神其孰能

與于此

此言卜筮也感者以人心見天心也无思无爲易之道大矣哉然人心

有所疑憑易之道以斷之如見天心也故事故也天下事故因感而

通所謂百世以俟聖人而不惑是也然筮不可瀆非淺學之士所能知

也必至神而後可行

夫易聖人之所以極深而研幾也

深者至精也幾者至變也本義是也極窮也研審也

唯深也故能通天下之志唯幾也故能成天下之務唯神也故不疾而速

不行而止

天下之志有人所不能通者惟易能通之因易三才之道无所不備也

人能極深而究之則辭明而天下之志亦通矣天下之務有人所不能

成者惟易能成之因易五行之理无所不包也人能研幾而求之則變

與象得而天下之務亦成矣深也幾也皆有道可憑有理可循者也可

憑可循无非數而已矣无非象而已矣神也者无志之可通无務之可

成也无思也故不疾无為也故不行能速能止因相感之理在焉此言

卜筮也神本无思无為由蓍而生數與象也

子曰易有聖人之道四焉者此之謂也

四者辭變象占是也總結上文而言之也

右第十章　言易之用也

子曰夫易何爲而作者也夫易開物成務冒天下之道如斯而已者也是
以聖人以通天下之志以定天下之業以斷天下之疑

開物成務卽有爲有行開物者發前人所未發卽通天下之志也成務
者成要務以安萬民卽定天下之業也業與務同冒虞氏翻曰觸也觸
類而長之如此也然志與業在未通未定之際心有所疑于是卜筮以
斷之恐開物成務猶有未盡善之處以人心感天心以斷其心所疑也
然不疑則不小聖人以易用于卜筮无他在開物成務而已非用于一
己之私欲也故下節言吉凶與民同患夫然後謂之天下之

疑決天下之疑者卽冒天下之道也

是故蓍之德圓而神卦之德方以知六爻之義易以貢聖人以此洗心退
藏于密吉凶與民同患神以知來知以藏往其孰能與于此哉古之聰明

170

叡知神武而不殺者夫

是故承上文斷天下之疑而言之也以圓喻著取變化也以方喻卦取

一定不易之理也以易明六爻取動而知變也圓者一也著爲演卦之

要具人憑藉之以明其數也大衍之數五十其用四十有九存其一狀

其德也撰以四四者方也故人心固能致一不二則數亦不能生矣圓

內可容方故圓一也內容之方則積爲四故方四也方內容圓亦如之

以一爲數之始四爲數之極以王氏引之曰猶而也方以知易以貢兩

以字皆與而同義圓則其體无定故諄之以神方則其體能立故人所

能知貢韓氏康伯曰告也六爻之變易以告吉凶也洗劉氏巘曰盡也

聖人於此洗心退藏于密言演易時之專一精神貫注之狀舊註均未

合此者指著也洗心言心與易合而爲一如易无思也无爲也寂然不

動是也退藏于密言演易之地也藏者身所容之處之密者不與人接觸

以免累其心而私欲生焉聖人之心也世之吉凶卽聖人

之吉凶也天地之中莫貴乎民故聖人與民同患卽演易之大要也神

與知吉凶之幾也將至而未至者曰來見在可知者曰知殺義也聰明

神也叡知知也神武斷也卽易以貢之意項氏安世以殺如字聰明叡

知神武不殺爲庖犧氏

是以明于天之道而察于民之故是興神物以前民用聖人以此齋戒以

神明其德夫

天人合一也欲明天道先察民故可也孟子所謂民之所欲天必從之

民故與天道何異民之知愚不一若開物成務之初而人民可否之論

各半此謀及庶人不能決疑然後謀及卜筮也並非惟卜筮是從而不

謀諸庶人也書曰汝則有大疑謀及乃心謀及卿士謀及庶人謀及卜

筮可證也是者卽謀諸民不能決疑乃與神物也興起也神物神妙不

172

測之物卽蓍也龜筴傳曰天下和平王道得而蓍莖長丈其叢生滿百

莖神物也故龜謂之靈物蓍謂之神物周易一書言筮而不言卜因其

時求龜已不易取以代之黃帝時始獲蓍謂之神策前猶導也民用

言民能用其命令也總之心定則不疑聖人開物成務而有疑慮者非

不可毅然決然而爲之然非常一或不愼貽禍後世故不得不愼

重再三可以法垂萬世使人民獲无窮之利故謀及卜筮實出于无可

如何之舉而已此指蓍言也齊禮祭有齊戒警也狀其敬也聖人之敬

蓍蓍枯草也何用敬爲因天人合一之旨惟蓍能表而出之敬卽所

以敬天亦所以敬人也神明其德蓍之德也此言蓍時之愼重所以至

誠之道可以前知也又誠則靈也

是故闔戶謂之坤闢戶謂之乾一闔一闢謂之變往來不窮謂之通見乃

謂之象形乃謂之器制而用之之謂法利用出入民咸用之謂之神

二十五

戶卽翕也卽演易之大要凡陰卦多陽坤由離三而來二陽一陰闔之

象陽卦多陰乾由坎三而來二陰一陽闢之象曰坤者陰爻也曰乾者

陽爻也因无一物非陰陽亦无一物非乾坤也變者動也陽動而爲陰

如⊖陰動而爲陽如✕卽一闔一闢也與一陰一陽之謂道一陰一陽

對待之理一闔一闢得陰陽之功用是陽去抱陰陰來就陽之意故曰

變也闔闢之理大至天下小至事物莫不如是往來者陰爲往陽爲來

奇耦之爻不同故曰不窮通之道也象者目能見但可擬議之如日月

星辰之類其形終在幻中不能見也乃猶則也器者目能見人可就其

形量其長短定其方圓而成一種之物也制器同製製器也制器以規矩

故曰法出入者闔闢之機也无闔闢卽爲能出入利用者猶言利乾坤

二戶之用也制而用之謂開物也民咸用之謂成務也以變通之理觀

之見象天道也形器民故也制用之法則天道以察民故也咸用之神

亦民故也

是故易有太極是生兩儀兩儀生四象四象生八卦

王氏肅曰此章首獨言是故者總衆章之意也的解易有太極一句爲

一部大易提綱挈領之句易之用有字均指實物言惟此有字從无中

生有然四時之錯行日月之代明陰陽變化寒暑晝夜莫不由此有字

而發生道也器也亦莫不由此有字而發生太極與極不同太極注見

前極者如陽之至爲陽極陰之至爲陰極是也邵子謂道爲太極道卽

一陰一陽之謂道也又謂心爲太極易不言心象然无在而非心

也心在何處在先天之乾坤變後天之坎離中求之其坎離之中卽一

陽一陰之謂道也以一年之卦氣而論一年太極也四季四象也四象

生八卦卦有三爻以三爻與四季相因得十二月數也以三爻與八卦

相因得二十四節氣也以五日二候之數與二十四節氣相因得七十

二即候數也是字須重讀然後精神始見此是字寶言陰陽之變化也

太極變化是生兩儀兩儀變化是生四象四象變化是生八卦當貫下

兩句而言

八卦定吉凶吉凶生大業

定者定天下之志也生者成天下之務也卦爻不一故有吉有凶大業

富有也大業之生知吉凶之理吉則趨之凶則避之明天之道察人之

故天人合一以天人之吉凶與民同患生大業之人也

是故法象莫大乎天地變通莫大乎四時縣象著明莫大乎日月崇高莫

大乎富貴備物致用立成器以爲天下利莫大乎聖人探賾索隱鈎深致

遠以定天下之吉凶成天下之亹亹者莫大乎蓍龜

天地即兩儀也陰儀象地陽儀象天四時即四象也坎冬離夏震春兌

秋是也日月即八卦之大用即一畫一夜十二月三百有六十日皆日

月之象富貴卽大業也立創立也言開物也聖人異于常人大而化之

之人也賾隱深遠易之理探索鈎致聖人之事易理至奧惟聖人能知

之知其奧然後能知其吉凶疊疊注見前公羊疏沒沒也

是故天生神物聖人則之天地變化聖人效之天垂象見吉凶聖人象之

河出圖洛出書聖人則之

神物指圖書故兩用聖人則之爻者效也指變化象者象也指吉凶河

圖洛書近世治易分漢宋者往往聚訟漢學家以其爲劉牧所傳故不

信然其數則合卽使爲劉氏所作是劉氏之學亦可直追羲文周孔矣

桓譚新論云河圖洛書但有兆朕而不可知其言何等聰明易曰河出

圖洛出書當時必有一種神物與卦理相合故聖人則之以明其數也

世又謂龍馬負圖龍乾也馬坤也卽乾坤對待之謂是先天之位自始

而終也愚以爲讀易當求其精義劉氏之河洛雖以爲不當然劉氏之

圖即八卦九疇也去八卦九疇則終身不能讀易矣且鄭氏玄曰春秋

說云河以通乾出天苞洛以流坤吐地符河龍圖發洛龜書感河圖有

九篇洛書有六篇也孔氏安國曰河圖則八卦也洛書則九疇也是河

洛之爲八卦九疇漢時已有此名王氏蕭曰河圖八卦也宋姚小彭氏

痛斥關子明之說以爲李氏鼎祚集解所无而鄭孔二氏之說載在集

解姚氏豈未見之耶

易有四象所以示也繫辭所以告也定之以吉凶所以斷也

示示其象也告告其繫辭也斷斷其吉凶也

右第十一章　言人爲不彰聖人則法天象以著斷天下之疑

易曰自天祐之吉无不利子曰祐者助也天之所助者順也人之所助者

信也履信思乎順又以尚賢也是以自天祐之吉无不利也

此釋大有上九爻義○三朱子本義以此宜在第八章之末因第八章

178

皆釋一卦之爻故也此因大有上九之一爻易之用大備故門人述孔
子之言別立一章以明之大有先後天同位上九變震震與離又先後
天同位同位得助之理也曰順曰信同位之功用也爻言天孔子兼言
人以明天人一理也震為足履之象上為合今天人合一是人與天相
等人之上為賢人故曰尚賢人能具天人合一之心則上不違天下不
違人故曰自天祐之吉无不利也

子曰書不盡言言不盡意然則聖人之意其不可見乎

不知先後天同位之理解此節以下立說皆恍惚卦位先後天同其中
消息非可言語形容故以書不盡言言不盡意狀之

子曰聖人立象以盡意設卦以盡情偽繫辭焉以盡其言變而通之以盡

此言大有上九之神妙不測孔子贊美之如是承上文言之也立象可

利鼓之舞之以盡神

以盡意同位則意不能盡情實也偽不實也設卦可以盡情偽同位則

有情而无偽繫辭可以盡言同位則有相與相得之義非言所能盡變

通可以盡利同位則變通之至者也鼓之舞之以盡神惟同位之卦始

有此幾

可見則乾坤或幾乎息矣

乾坤其易之縕邪乾坤成列而易立乎其中矣乾坤毀則无以見易易不

此言乾坤非謂卦名成卦時之陰儀陽儀成爻時之用九用六皆具乾

坤變化之理縕衣中所著之絮也用九用六互相表裏猶衣之于絮也

用九用六之際卦位成列合先後天之序者非得中央之戊己不可易

立其中即戊己也六十四卦非用九用六不能盡變易之理毀者

言无用九用六也如此則變易亦无以見乾坤亦將幾息又何能有同

位之卦及同位之體哉

是故形而上者謂之道形而下者謂之器化而裁之謂之變推而行之謂

之通舉而錯之天下之民謂之事業

以大有之上九言之先天道也卽乾坤是也後天器也卽坎離是也變

指上九爻變震通者先後天同位之卦或先後天同位皆是也舉錯天

下之民方見經綸參贊之功同位則孚故能舉錯卦曰大有盡天下之

事業无所不包括者也

是故夫象聖人有以見天下之蹟而擬諸形容象其物宜是故謂之象聖

人有以見天下之動而觀其會通以行其典禮繫辭焉以斷其吉凶是故

謂之爻

重出解見第八章上多是故夫象四字想係孔子之恆言也

極天下之蹟存于卦鼓天下之動存乎辭

象之于卦爻之於辭解見前或曰此節朱子分之實不可解宜與下節

181

相連然有深意存焉第八章釋七爻中孚之九二中孚先後天同位之

卦也變震則先天對待同人先後天同位之卦也變離爲八純卦大過

之初六大過先後天同位之卦也變乾則後天欲交先天謙之九三謙

本後天對待之卦也變坤爲八純卦乾八純卦也變兌則先

天欲交後天節之初九節本先後天同位之卦也變坎爲八純卦解之

六二本後天欲求先天之卦也變巽則先天對待蓋當時孔門弟子舉

七爻之文言皆爲同位對待而發故第八章曰言天下之至賾而不可

惡也言天下之至動而不可亂也而此曰極天下之賾者存乎卦故天

下之動者存乎辭互相對照大有本先後天同位之卦故曰存乎卦今

上九變震震又與離先後天同位故曰存乎辭辭即爻也

化而裁之存乎變推而行之存乎通神而明之存乎其人默而成之不言

而信存乎德行

前兩句重出神而明之存乎其人苟能天人合一人之能事畢矣人之

能事德行是也默而成之默者易无思也无爲也之意言者大有中爻

互兌兌爲口言之象今上九已在互卦之外故曰不言信者同位則感

通也大有一卦諸德皆備故吉无不利俗以大有爲歸魂作凶論豈知

卦之吉凶在用不在歸遊也

右第十二章　此言卦以同位爲尙同位而爻又同位則吉无不利

周易易解卷八終

　　　　　　　　　　　　　　　　錢塘沈紹勳撰

八卦成列象在其中矣因而重之爻在其中矣

此言八卦即鄭氏立所謂不易也卦者三畫之卦列者乾一兌二離三

震四巽五坎六艮七坤八之排列此說宗漢學者多斥之其實不知此

之成列復何能讀易哉象者天地日月山澤雷風是也三畫成卦即有

象可知然六爻未備是有體而无用因乘也重疊也因三畫之卦重之

而得六畫如乾爲重乾之類今世俗所謂八純卦是也此重卦由因之

道而來即二三爲六是也成卦然後有象溯象所在卦義自明然三畫

之卦所包者不廣於是六爻出焉

剛柔相推變在其中矣繫辭焉而命之動在其中矣

此卽鄭氏玄所謂變易也剛陽爻也柔陰爻也陽爻之剛者以柔推之

陰爻之柔者以剛推之柔推剛如乾之用九剛推柔如坤之用六此謂

之變也繫辭者爻各有辭以命其吉凶世俗以爻之變卽動也然變與

動各有不同變者卽爻之變陰變陽也動者以變之機而察吉凶悔吝

也

吉凶悔吝者生乎動者也

吉凶悔吝之機于動之中察之此人事之生也

剛柔者立本者也變通者趣時者也

乾剛坤柔乾天坤地乾父坤母立者剛柔定也乾坤爲卦之本故曰立

本變通配四時四時之流行趣之象故曰趣時

吉凶者貞勝者也

貞正也勝克也人心能正則世有吉而无凶人心不正則世无吉而有

凶曰貞勝言人心正則邪自克故無凶矣

天地之道貞觀者也日月之道貞明者也天下之動貞夫一者也

觀示也天地之道卽陰陽之道天陽地陰示人以正也日月之道卽亦

陰陽之道在卦爲離坎日月以明爲正者也一者仁也卽太極也天下

之動雖千變萬化然正乎仁一氣之榦運聖人具乾坤資始資生之德

以利萬民故曰貞乎一此節接末節天地之大德曰生

夫乾確然示人易矣夫坤隤然示人簡矣

此鄭氏立所謂易簡之理卽卦德也馬氏融曰確剛貌隤柔貌

爻也者效此者也象也者像此者也

此字承乾坤而言也虞氏翻曰效法之謂坤謂效三才以爲六畫成象

之謂乾謂聖人則天之象分爲三才也其實乾坤非眞乾坤也陰之動

爲陽陽之動爲陰卽乾坤之德也所謂乾坤卽一而已矣

二

爻象動乎內吉凶見乎外功業見乎變聖人之情見乎辭

內者卦之六畫之內也爻象動則陰陽變而吉凶之機由動中而見之

外者呈露之地知吉凶然後知趨避功業者即變理陰陽遂因其變而

可見聖人之情在致中和亦由動中而見乎辭也見者由動之象而明

察之也

天地之大德曰生聖人之大寶曰位何以守位曰仁何以聚人曰財理財

正辭禁民爲非曰義

乾資始坤資生天地之大德也乾坤交而生生不已故曰生聖人之大

寶曰位此位字恐誤字寶或作保亦非何以守位曰仁仁宋儒改爲人

則前後文氣不能貫通反覆思惟當係聖人之大寶曰仁何以守仁曰

人始合蓋仁者生之因物无仁則死人无仁則死聚人以財即大學財

聚民散財散民聚之意理財者以五行之德養民非聚斂之謂也正辭

易學經典文庫

者以言敎民也禁民爲非者以法治民也故曰義

右第一章　言易之貞一以見聖人之功業也功業者卽治國平天下

之道也故以仁義終

古者包犧氏之王天下也仰則觀象于天俯則觀法于地觀鳥獸之文與

地之宜近取諸身遠取諸物于是始作八卦以通神明之德以類萬物之

情

此章皆釋形而下者謂之器器之備莫如文字故以文字終此節言包

犧畫卦之始也包犧孟氏喜作伏羲曰伏服也羲化也鄭氏玄曰包犧

也鳥獸全聚曰犧禮含天嘉曰伏者別也義者獻也虞氏翻曰包犧太

昊也以木德王天下三觀三才之道也仰觀天如日月天象也俯

觀地如山澤地形也第三觀字觀物也鳥獸之文鳥獸羽毛皆具文理

以分陰陽是也觀地之宜卽土地之性宜何種植是也近取諸身如乾

首坤腹遠取諸物如乾馬坤牛是也於是以三極之道畫卦以明天地

而盡人事通理之難明者以卦理通之類物之相似者以卦象類之是

也神明之德乾健坤順是也萬物之情乾馬坤牛是也

作結繩而爲罔罟以佃以漁蓋取諸離☲

由畫卦而知結繩使民以佃漁謀生取天然之利也離中爻互巽巽爲

繩直離中虛又爲目似目中虛而以繩直爲之罔罟象也黃氏穎曰取

獸曰罔取魚曰罟上互兌兌爲口佃所以獲獸漁所以獲魚以謀民食

者也下十三象皆用蓋字在孔子尚有疑義也

☲

包犧氏沒神農氏作斵木爲耜揉木爲耒耒耨之利以教天下蓋取諸益

虞氏翻曰沒終作起也神農以火德繼包犧王火生土故知土則利民

播種號神農氏也由佃漁而知農事天然之利有時而盡人類日繁因

發明農事之利益卦震巽兩木震動也巽入也中互坤坤爲地艮止也

又手之象動而入于地而手止之耒耜之利也故益之象曰木道乃行

以下十三卦上下卦與互艮震居多言不通者動則使之通也

日中爲市致天下之民聚天下之貨交易而退各得其所蓋取諸噬嗑（二）

三三

由農事進而爲商賈也上離爲日離中有午午日中也下震震爲大塗

中互艮艮爲小徑大塗小徑人民所集市之象艮止也致之象震動也

又爲足動以足聚之象也坎艮爲水艮爲山錯珍所出貨之象震初爻

至四爻大象又似離中爻互坎水火既濟之象交易是也艮止也退之

象艮爲手得之象又爲門闕所之象也

神農氏沒黃帝堯舜氏作通其變使民不倦神而化之使民宜之易窮則

變變則通通則久是以自天祐之吉无不利黃帝堯舜垂衣裳而天下治

由商賈進而爲禮教也此言乾坤二卦不取一卦即通其變神而化之

也因上古之世人文未著知其一而未知其二此則知變化之道故能

合乾坤二卦而爲一即天地合其德天地之道由人表而出之集人事

之大成者也九家易曰黃帝以上羽皮革木以禦寒暑至乎黃帝始制

衣裳垂示天下治者衣裳所以蔽身不安於倮形垂衣

裳以蔽之則男女有別乾坤成象矣乾在上以象衣坤在下以象裳坤

之六三曰含章可貞指有裳則男女有別曰可貞者服之未徧也六四

曰括囊則人人服之矣六五曰黃裳元吉則不獨裳之制度備而采色

亦彰矣自上下下故曰垂

刳木爲舟刹木爲楫舟楫之利以濟不通致遠以利天下蓋取諸渙☴☵

此言舟楫之利舟楫在車馬之先因江河天然之物不必如道路之加

以人工也刻剡古文作拵掞中爻艮爲手之象也渙風行水上楊氏萬

里曰故其象曰利涉大川乘木有功也是渙散也物大通也所以濟不

通也舟之象中爻互艮艮爲手又互震震動也動以手之物在舟楫也

吳氏澄曰剡木者空其中爲舟以浮水剡木者剡蒲其端爲楫以運舟

艮止也不通之象震以動之通也然坎爲水舟楫動于水上濟也

服牛乘馬引重致遠以利天下蓋取諸隨䷐

此言治道路陸地得行牛馬也隨卦初爻變爲坤坤爲地又爲牛又爲

興震動也動則地平易可行牛服之象也上六變乾乾爲馬故拘係乃

從維之乘之象也中爻互巽巽爲繩直引之象又互艮艮爲山重之象

艮止也致之象也上六變乾乾爲遠牛性順能引重馬性捷能致遠

重門擊柝以待暴客蓋取諸豫䷏

此言使人民自衛也互艮艮爲門闕重者愼重之意艮又爲手擊之象

震善鳴柝孟氏喜曰夜行所擊者以木爲之擊之則有聲互坎坎爲盜

暴客也待者即豫備之意

斷木爲杵拙地爲臼臼杵之利萬民以濟蓋取諸小過☲☲

此言臼杵之利民得飲食較未耨更進也項氏安世曰小過上動下止

其象爲臼上震木也動也下艮土也止也木入土曰杵臼之象中爻互

兌爲毀折斷掘之象上互巽巽入也又爲進退爲工杵臼之象也

弦木爲弧剡木爲矢弧矢之利以威天下蓋取諸睽☲☲

此言作弧矢以衛國家也坎爲矯輮凡木之矯輮者必先炙以火而後

以水定之故中爻互坎離也兌爲上弦弧之象離爲戈兵麗于弧上矢

之象離又爲日爲電爲火威之象坎又爲隱伏敵人也故防其睽作弧

矢以禦之以弧象之者因睽之上九先張之弧後說之弧故也睽雖无

艮震象然爲艮宮世二卦也上九變震動也

上古穴居而野處後世聖人易之以宮室上棟下宇以待風雨蓋取諸大

壯䷡

此言作宮室也震爲木乾爲寒以木禦寒宮室象棟直承而上取四剛

義字兩垂而下取二柔義乾爲天上下四方爲宇皆天所覆也雷動則

風雨至中爻互兌水之象亦雨之象又錯巽巽爲風作宮室以待風雨

也

古之葬者厚衣之以薪葬之中野不封不樹喪期无數後世聖人易之以棺

槨蓋取諸大過䷛

以上言養生之道備矣此言喪葬之禮葬孟氏喜曰藏也大過象棺槨生

則棟宇死則棺槨類也棺槨藏于土亦澤滅木之象也大過象棺槨見

卦象下巽巽爲木又爲繩直薪之象上兌兌爲毀折死之象中爻互乾

乾爲衣爲野虞氏翻曰中野穿土稱封封古窆字聚土爲樹中孚无坤

坎象故不封不樹虞氏言中孚指上下易象也

上古結繩而治後世聖人易之以書契百官以治萬民以察蓋取諸夬二

三

首口出于首信也書契也

象中爻互乾契之象契刻也孟氏喜曰約也夬上兌下乾兌爲口乾爲

終于製文字而人事畢矣上兌兌錯巽巽爲繩直乾錯坤坤爲文書之

右第二章　此孔子皆言形而下之謂器也即上章理財正辭禁民爲

非之起源蓋聖人制器尚象无非知養人而已人類日繁器象亦曰進

不已日進者即易之謂也即以易言之由連山而歸藏由歸藏而周易

同是易也同是卦也同是爻也不過人事日繁周易之時非連山歸藏

所能測之者也故孔子以宮室喪葬書契三者重言後世聖人易之以

某事是言五帝之後非无聖人也能通於易之道制器以養人者爲聖

人以害人者爲匪人

是故易者象也象者像也彖者材也爻也者效天下之動者也是故吉

凶生而悔吝著也

干氏寶曰言是故又總結上文也下是故重言申明之意崔氏憬曰上

明取象以制器之義故以此重釋于象言易象于萬物象者形象之器

也項氏安世曰象卽卦也卦著全卦之象象言上下兩卦之材爻貢六

爻之動三者昊而吉凶悔吝明矣上章首言作八卦之後歷代聖人制

器尚象文物日進至制文字以後聖人又能以易理變通以察人事於

是吉凶悔吝始可憑藉易理而推測之

右第三章　此章結上文言書契以後之易用也

陽卦多陰陰卦多陽其故何也陽卦奇陰卦耦

陽卦震坎艮奇耦畫數五陰卦巽離兌奇耦畫數四凡陽卦皆五畫則

一陽二陰奇也陰卦皆四畫則一陰二陽耦也

其德行何也陽一君而二民君子之道也陰二君而一民小人之道也

此以卦之陰陽比人之德行也陰爲小人陽爲君子所謂君者治民之

人也故君字與尹司諸字同意民耦數數皆由坤而來從也衆也一君

二民者君不失德民之衆能從之則國治一民二君者君失其德民衆

不從如紂之世文王三分天下有其二文王之位不及紂而其德在紂

之上而民從之此二君一民也民之於君分至疏逖而從之者從其德

也

右第四章　此言伏羲畫卦定陰陽消長之理

易曰憧憧往來朋從爾思子曰天下何思何慮天下同歸而殊塗一致而

百慮天下何思何慮

此釋咸之九四爻二三下三節同猶乾坤二卦之文言也乾坤有文言

六十二卦皆有文言但不必悉具耳讀此章可知第二章言人生衣食

已備而感亦日生思慮亦日見其周密終之以窮神知化同歸一致卽

以約失之者鮮矣之意世事之亂无非出于人心之紛擾咸之九四爲

䷟殊塗百慮言其感也由兌艮對待而來今九四後天之兌復歸先

天之坎雖殊塗百慮之紛紜今復歸原位則同歸矣往來指內

外卦言九四之外外卦也卽往是也重言何思何慮凡事雖殊塗百慮

終不能出天地自然之氣也

日往則月來月往則日來日月相推而明生焉寒往則暑來暑往則寒來

寒暑相推而歲成焉往者屈也來者信也屈信相感而利生焉

咸之九四變坎則互卦亦變離坎離日月象也且均有心象心之往來

卽相感之理也由日月之相推也日月故明坎冬離夏下艮東北冬春

之交也上兌正秋也四時皆備而成歲寒暑生焉屈凡物曲而不伸者

皆曰屈信伸也蓋物之成功者退方來者進進退卽往來卽屈伸

卽陰陽消息之道也天地之氣循環不已而感遂生

尺蠖之屈以求信也龍蛇之蟄以存身也精義入神以致用也利用安身

以崇德也

蠖侯氏果曰詘行蟲郭氏璞曰蝍蝛也說文尺蠖屈伸蟲也埤雅今人

布指求尺一縮一伸如蠖之步謂之尺蠖凡物必有屈有伸有蟄有動

龍蛇性好動然有時而蟄當其蟄時存身而已矣非龍蛇之本心也精

義者姚氏信曰陽稱精陰爲義也入者往之意神者不測之謂其實指

先後天同位言用卽用九用六之用也咸之九四變爲蹇蹇其致用者

也利用之用卽致用之用也致用者在爻變之初利用者在爻變之後

察其吉凶悔吝以應時變而已安卽安土敦乎仁之安也在人爲身在

卦爲位人之修身能合易旨卽爲天人合一之理无非崇卦德而已

過此以往未之或知也窮神知化德之盛也

過咸九四即為外卦外卦往也此之字即之變之未之言咸九五上

六兩爻雖未之而其理或能知也咸之九五為雷山小過䷽則震

艮先後天同位咸之上六為天山遯䷠則乾艮又先後天同位悟此

二爻則神之道可窮化之理可知一言以蔽之无非卦氣通者已矣上

言崇德此言德之盛也蓋神化之妙在體用此體用出于自然如日月

寒暑有循環之道且有次序軌範亘古如斯而人之動靜莫不隨其神

化而感應故曰盛德也

易曰困于石據于蒺藜入于其宮不見其妻凶子曰非所困而困也名必

辱非所據而據也身必危既辱且危死期將至妻其可得見邪

此釋困之六三爻䷮門弟子記孔子之言也既有思慮乃知名身知

名身乃知安危下坎坎險也辱與危之象也上錯艮艮為手據之象解

201

見原卦

易曰公用射隼于高墉之上獲之无不利子曰隼者禽也弓矢者器也射

之者人也君子藏器於身待時而動何不利之有動而不括是以出而有

獲語成器而動者也

此釋解之上六爻也既知名身之辱危其人始成器下坎坎爲弓

輪上離離爲戈兵弓矢之象又爲雉隼之象中爻互坎離藏弓矢之象

也震動也括虞翻曰作也今變坎是動而不括矣解見原卦

子曰小人不恥不仁不畏不義不見利不勸不戒不懲小懲而大誡此小

人之福也易曰屨校滅趾无咎此之謂也

此釋噬嗑之初九爻也人之成器仁與義而已矣小人違仁悖義

於是刑罰以制之因噬嗑利用獄也利用獄者戒與懲而已以戒與懲

使小人有所畏懼得保名身故爲小人之福解見原卦

善不積不足以成名惡不積不足以滅身小人以小善爲无益而弗爲也

以小惡爲无傷而弗去也故惡積而不可掩罪大而不可解易曰何校滅

耳凶

此釋噬嗑之上九也由刑罰使人能知善惡使名與身得以保全

積者非一朝一夕之故大者由微而至于顯罪大由于惡積中爻互艮

艮爲手掩與解之象解見原卦

子曰危者安其位者也亡者保其存者也亂者有其治者也是故君子安

而不忘危存而不忘亡治而不忘亂是以身安而國家可保也易曰其亡

其亡繫于苞桑

此釋否之九五爻 ䷋ 變離中爻互變坎坎險也故有危亡與亂之象

然上乾乾健也故能安能保能治蓋人能知積善克保名身矣又進而

知安危存亡治亂之道使國家得以長保解見原卦

子曰德薄而位尊知小而謀大力小而任重鮮不及矣易曰鼎折足公覆

餗曰形渥凶言不勝其任也

此釋鼎之九四爻⚊⚊也言欲保國家有德有力者始能任之德

尊始可位尊知大始可謀大力重始可任重然不修德雖有知力亦无

用也紂之知力在文王之上而卒以亡殷德薄故也解見原卦

子曰知幾其神乎君子上交不諂下交不瀆其知幾乎幾者動之微吉之

先見者也君子見幾而作不俟終日易曰介于石不終日貞吉介如石

焉寧用終日斷可識矣君子知微知彰知柔知剛萬夫之望

此釋豫之六二爻⚊⚊爻⚊⚊也言君子凡事慎之于微蓋吉凶禍福均起于

漸動而不愼一念之差大禍隨之蓋幾者在有形无形之間人與人相

接之際吾心卽爲幾之所在故易以介釋幾孔子以交釋幾鄭氏亥曰

幾覿也得之交者指卦位先後天同位也上指上卦上卦之震與中爻

之離同位是居下交上也下指下卦之坤與中爻之坎變之之坎

皆同位是居下交上也詔與瀆者何能知幾必其人无思无爲寂然不

動能介于石者方爲見幾之君子見幾而作之而字而猶則也介于石

之于字王氏引之曰于猶如也是介于石卽介如石義始通寧猶何也

微章微謂幽昧章謂明顯也豫之六二變坎則中爻變爲坎離坎一離

九合之得十十之極數爲萬故曰萬夫之望解見原卦

子曰顏氏之子其殆庶幾乎有不善未嘗不知知之未嘗復行也易曰不

遠復无祗悔元吉

此釋復之初九爻 ䷗ 也虞氏翻曰幾者神妙也顏子知微故殆庶幾

孔子曰回也其庶幾也虞氏又曰復以自知老子曰自知者明侯氏果

曰殆近也庶冀也此節言顏子雖未能知幾然能庶幾者也顏子不遷

怒不貳過庶幾之人也解見原卦

天地絪緼萬物化醕男女搆精萬物化生易曰三人行則損一人一人行
則得其友言致一也
此釋損之六三爻䷨也言人之立身行事宜致一不二致一者致一
心而已故下節言立心蓋天地絪緼男女搆精皆致一之事本義絪緼
交密之狀醕厚而凝也搆鄭氏云作覯合也男女以陰陽合其精氣夫
天地之交以氣萬物莫不發育故曰化醕男女之交以形形中有氣能
生其類故曰化生三人則陰陽之氣有叢犯一人則爲孤陰獨陽而已
得其友而致一則陰陽和解見原卦
子曰君子安其身而後動易其心而後語定其交而後求君子修此三者
故全也危以動則民不與也懼以語則民不應也无交而求則民不與也
莫之與則傷之者至矣易曰莫益之或擊之立心勿恆凶
此釋益之上九爻䷩也言君子知身心之學繼之以擇友擇友不愼

凶之至也安其身者周旋中禮易其心者志氣安利定其交者氣類相

感曰應曰與省指卦位言无交而求凡卦交相求而成人之擇友如此

而已解見原卦

　此章言形而上者謂之道也皆修身之大要雖未能全備

然大旨已具學者明此可以入德之門矣下傳十二章惟五六兩章爲

門人記孔子之辭

天地之撰以通神明之德

子曰乾坤其易之門邪乾陽物也坤陰物也陰陽合德而剛柔有體以體

此承上章言之聖功王道以乾坤兩卦總括之門荀氏爽曰陰陽相易

出于乾坤故曰門撰鄭氏玄作算算數也九家易亦曰數也以九天數

六地數釋之震巽坎離艮兌各有其數皆由乾坤而來也

其稱名也雜而不越於稽其類其衰世之意邪

之外越孟氏喜曰踰也於侯氏果曰嗟也稽虞氏翻曰考也類者指卦

名言乾坤以外之卦名聖人懼人事日繁世道日見澆薄于是定此卦

名發而為制度典章以寓維持之意衰世非定指紂時也

夫易章往而察來而微顯闡幽開而當名辨物正言斷辭則備矣

章彰古今字章明顯也察詳也虞氏翻曰神以知來知以藏往微者顯

之謂從復成乾是察來也闡者幽之謂從姤之坤是章往也虞氏每以

復姤成乾坤義似未協凡十有八變而成卦三變而成爻奇數為陽爻

乾象也耦數為陰爻坤象也從復成乾從姤成坤乃十二月卦氣若論

成爻其中尚未盡善復成乾創坤之初爻也然坤六二師亦可成乾坤

之六三謙亦可成乾推之六四豫六五比上六剝皆可成乾也坤類推

虞氏拘于消息故其言如此不知消息乃易中之一義非全體也開者

指門言因乾坤之門一開然後可以當名可以辨物可以正言可以斷

辭今虞本以開而當名者爲句誤名者卦名也物者天地雷風水火山澤

是也言者元亨利貞是也辭者吉凶悔吝是也合四者而易理始備矣

其稱名也小其取類也大其旨遠其辭文其言曲而中其事肆而隱因貳

以濟民行以明失得之報

其字指易言易之稱名不過一字二字故曰小此言當名也乾天坤地

乾父坤母之類故曰大此言辨物也遠幽也文顯也曲而中曲卽委曲

也中卽言必有中也此言正言也肆陳也隱卽神明之德也貳者疑也

民有疑貳乃以易斷其吉凶吝使人知逆理則失順理則得之報此

言斷辭也

右第六章　亦門人記孔子之言聖功王道悉在乾坤二卦本義以此

章多闕文疑字不能盡通其實文義明顯不若下章之難通也

易之興也其于中古乎作易者其有憂患乎

此章言文王囚羑里而作易故孔子特揭憂患二字想九卦皆自憂患

而來其擬議之詞也於猶在也

是故履德之基也謙德之柄也復德之本也恆德之固也損德之修也益

德之裕也困德之辨也井德之地也巽德之制也

用是故兩字必承上文而言也

履和而至謙尊而光復小而辨于物恆雜而不厭損先難而後易益長裕

而不設困窮而通井居其所而遷巽稱而隱

履以和行謙以制禮復以自知恆以一德損以遠害益以興利困以寡怨

井以辨義巽以行權

此九德三陳也六十四卦卦可以修德孔子特舉此九德不知其理

細攷九卦中獨无乾坎離三宮內五世者三履謙井是也三世者三益

恆損是也一世者二困復是也本宮上世者一巽是也至論其德大致

以世所居之爻辭斷之爲是如履之九五夬履貞厲夬者不知和能以

和行則不夬矣于義亦難合古今注此者泛論德字恐非孔子三陳九

德之本旨王氏安石輩著爲特篇亦見陳腐虞氏翻曰凡言德者皆陽

爻也然以九卦世位效之有陰有陽其說亦不足信陳氏搏易龍圖序

重言三陳九德之義亦未明言其要胡氏安世之九德圖不過薈集諸

家之說而已惟侯氏果曰以下九卦是復道之最其說頗新穎然窮日

夜思之亦不能得其要領桑氏調元曰上經揭三卦下經揭六卦以示

人明君子修身之要必以漸而進必積久而精由是六十四卦之妙用

可左右逢原而一以貫之此說桑氏得之勞氏史以此九卦貫通六十

四卦較舊說爲高然其說亦未詳且上經三卦下經六卦潛谷雲峯已

早言之亦非勞氏所發明者胡氏煦引雲峯之言頗知研幾然亦終非

211

確論加入未濟是妄斷也愚讀易註一千七百餘種九德三陳除侯胡
桑三氏外皆覺於義未當不敢妄爲之說惟嘗以侯氏復道之最一語
反覆推詳得其一理自中爻而來者因雜物撰德非中爻不辨也然終
不愜于心姑記于後俟後之讀易君子更詳審之

復䷗　中爻䷗　　　侯氏所謂復道之最
謙䷎　中爻䷧解　　錯家人　綜蹇
履䷉　中爻䷤家人　錯解　綜睽
恆䷟　中爻䷪夬　　錯剝　綜睽
損䷨　中爻䷗復　　錯姤　綜剝
益䷩　中爻䷖剝　　錯夬　綜復
困䷮　中爻䷤家人　錯解　綜睽
井䷯　中爻䷥睽　　錯蹇　綜家人

巽䷸　中爻䷤睽　錯噬　綜家人

右圖侯氏所謂復道之最是否如此不可考矣後愚多年思索復得一

種爻象震宮大過二巽宮頤二艮宮中孚二兌宮小過二此八卦者在

先天兌巽在乾之左右震艮在坤之左右合先後天卦位觀之兌巽同

位震艮又同位附錄于此爲後世讀易之一助

履 ䷉　四爻變爲䷼中孚艮宮遊魂卦

謙 ䷎　四爻變爲䷽小過兌宮遊魂卦

復 ䷗　上爻變爲䷚頤巽宮遊魂卦

恆 ䷟　二爻變爲䷽小過兌宮遊魂卦

損 ䷨　二爻變爲䷚頤巽宮遊魂卦

益 ䷩　二爻變爲䷼中孚艮宮遊魂卦

困 ䷮　三爻變爲䷛大過震宮遊魂卦

二十五

井 ䷯

巽 ䷸　未明其變

四爻變爲 ䷈䷛䷡䷪大過震宮遊魂卦

九卦除巽外變一爻大象皆成坎離中孚大過其中爻皆陽抱陰也頤

與小過其中爻皆陰抱陽也綜九卦之變而觀之則得中孚二艮宮遊

魂也小過二兌宮遊魂也大過二震宮遊魂也頤二巽宮遊魂也所謂

遊魂者其氣不泊于本宮而泊于對宮其德最難守能守之則憂患自

去矣至汪氏益謙學易象數舉隅論以履本乎二二者下卦兌也謙本

乎七七者下卦艮也復本乎四四者下卦震也恆本乎五五者下卦巽

也損本乎二二者下卦兌也益本乎四四者下卦震也困本乎六六者

下卦坎也井本乎五五者下卦巽也巽本乎五五者下卦巽也以此推

五十有五之數恐非孔子三陳之旨九卦除復在坤宮外其他八卦在

艮宮者二履損是也兌宮者二謙困是也震宮者二恆井是也巽宮者

二兌巽是也變之爲遊魂之八卦皆在艮兌震巽四宮之中而无坎離

兩宮者其大象皆爲坎離豈水火之大用乎不用晉明夷訟需四遊魂

卦者因全卦之中已有水火之體也至以中爻論之中孚之中爻頤也

小過之中爻大過也大過之中爻乾也頤之中爻坤也似所謂德者一

之謂也則孔子所引九德必有一定之理惜後世不能效其詳耳至取

卦辭爻辭大小象辭而論如恆之六五恆其德貞小象曰從一而終也

與恆以一德合巽之大象曰重巽申命與巽以行權合則非的論矣

右第七章　九卦來處未詳不敢妄解以俟後之來者

易之爲書也不可遠爲道也屢遷變動不居周流六虛上下无常剛柔相

此言變易也不可遠侯氏果以爲居則觀象動則玩占故不可遠也是

易不可爲典要唯變所適

爲書之旨然其道則屢遷因周流不息變通者也六者卽初二三四五

六之位也虛卽孤虛之虛也虞氏翻曰虛謂甲子之旬辰已虛坎戊爲

月離已爲日入在中宮其處空虛故稱六虛五甲如次者也卦遇虛視

變之若何以定吉凶悔吝也上乾也卽陽爻也下坤也卽陰爻也爻之

變爲陰陰爲陽故曰上下无常剛陽也柔陰也之變剛變爲柔柔

變爲剛故曰剛柔相易典要常道也不可爲典要言不可以常道論之

吉凶悔吝因變而定之者也適趨也惟變是適卽變通趨時之意

其出入句 以度外內句 使知懼

其指易言出入六爻也卦變卽出也爻卽入也度節度也內內

卦也外外卦也卦之變時不以卦之吉凶悔吝爲準而以爻之吉凶悔

吝爲則又將爻度內外二卦將象數與原卦一以貫之其理自明卦吉

而爻凶卦凶而爻吉或遇同位對待則无咎使君子知之知其吉懼不

能趨也知其凶懼不能避也能知懼是能省察克已則否轉泰矣

又明于憂患與故无有師保如臨父母

又者知懼之後事也明較知為更進吉凶悔吝昭然若揭其人乃知憂

患矣人能知憂患則操心也危慮患也深戰戰兢兢如乾之終日乾乾

坤之履霜堅冰无有師保而戒慎不失如臨父母而豈弟常存用心若

此焉有不明者乎

初率其辭而揆其方既有典常苟非其人道不虛行

率循也辭爻辭也揆度也方法則也孔疏唯變所適是其典常也既有

典常然神而明之存乎其人蓋有其人則易道顯无其人則易道晦易

道深遠非羲文周孔之聖人不能行其道也

右第八章　此言變易也故專論爻辭

易之為書也原始要終以為質也六爻相雜唯其時物也

沈氏起元曰一爻言初六爻言上始終之謂也質者卦體也時即六位

時成之時也物者陰陽二物之變也吳氏澄曰要如要于路之要謂遮

截其歸宿之處文王原卦義之始要卦義之終以爲卦之體質而繫象

辭也爻之爲言爻也六位之陰陽相雜而交錯也周公觀六爻之交錯

唯其六位之時或是陽物或是陰物各因其義而繫爻辭也此章總論

互卦之德上兩節因互卦去始終兩爻而成之者也

其初難知其上易知本末也初辭擬之卒成之終

初爻卦僅一畫全體未具故難知上爻卦體已備故易知然卦非六畫

備始可知吉凶悔吝也六畫之中其中有一樞機此樞機在天地之中

曰中爻以盡人事者也本末即大過本末弱也讀大過一卦即可知中

爻之理

若夫雜物撰德辨是與非則非其中爻不備

去初上兩爻即爲中爻其指易言崔氏憬曰上既具論初上二爻次又

以明其四爻也言中四爻雜合所主之事撰集所陳之德能辨其是非

備在卦中四爻也下論二三四五是重述其功位也蓋雜物撰德為中

爻之主要意旨中爻必陰陽相雜故也作易者何為而重中爻因易之

道有天道有地道而獨无人道蓋人在天地之中六十四卦无一而非

人事中爻之變化實人事也

噫亦要存亡吉凶則居可知矣知者觀其象辭則思過半矣

此贊中爻也噫馬氏融曰辭也知中爻之理卽可知存亡吉凶凡卦相

生者吉相克者凶有中爻以調劑之如坎險也互震則出險利涉大川

也互離則明利見大人也觀卦之象爻之辭合中爻互推之則理自明

矣要字解見前下做此居項氏安世曰猶舉也

二與四同功而異位其善不同二多譽四多懼近也柔之為道不利遠者

其要无咎其用柔中也

二與四中爻二爻至四爻為一卦三與五中爻三爻至五爻為一卦二

以卦位論坤之正位也四巽之正位也同陰陽之功也巽位者

坤之正位在二巽之正位在四也然二四各有善因陰位多柔二又在

中也二坤之正位坤承天而行故多譽四巽之正位巽為進退故多懼

近者言善雖不同而同為陰性則相近也坤主靜巽順剛故曰不利遠

柔為之也

三與五同功而異位三多凶五多功貴賤之等也其柔危其剛勝邪

三與五亦為中爻之一卦三以卦位論艮之正位也五乾之正位也同

功同陰陽之功也異位者艮之正位在三乾之正位在五也三艮止也

故多凶五乾元亨利貞故多功乾為父艮為少男貴賤之等也者三五

之位柔居之危道也剛居之勝道也三多凶四多懼者因此兩爻為中

爻之樞機責任至鉅故多凶多懼舊說多以四近于君為多懼是因尊

君之義而誤乾鑿度以四爲諸侯五爲天子乃漢儒之曲說不可從然

乾爲天曷不曰巽之正位近天而多懼乎總之四之多懼其性情也非

近乾之九五正位而多懼也

右第九章　此章專論中爻

易之爲書也廣大悉備有天道焉有地道焉有人道焉兼三才而兩之爲

六六者非它也三才之道也

此言易之大用在人道也本義三畫已具三才重之故六而以上二爻

爲天中二爻爲人下二爻爲地是也兼者重也如兼山艮是也兼三才

兩三才也中爻既明然後天道地道人道悉備无中爻則无人道

道有變動故曰爻爻有等故曰物物相雜故曰文文不當故吉凶生焉

道即三才也道變動而爻生等猶言一切也爻中之義包容萬物故曰

物雜即中爻也陰陽純一則物不雜而无變通若陽變陰陰變陽觸類

旁通則文成不當者文與事不當也故元亨利貞而穆姜死黄裳元吉

而南蒯叛易爲修身之學也在君子爲吉在小人爲凶當以人道爲準

也

之道也

危者使平易者使傾其道甚大百物不廢懼以終始其要无咎此之謂易

易之興也其當殷之末世周之盛德耶當文王與紂之事邪是故其辭危

此言文王作周易之本旨周易與連山歸藏同是易也同是卦也同是

畫也非有所異也連山首艮歸藏首坤周易首乾不過其用不同而已

孔子之時連山歸藏尙存禮運孔子曰我欲觀夏道是故之杞而不足

徵也吾得夏時焉我欲觀殷道是故之宋而不足徵也吾得坤乾焉坤

乾之義夏時之等吾以是觀之蓋夏時建寅爲歲首寅在艮宮卽連山

222

也歸藏首坤故曰坤乾孔子贊易不取連山歸藏而取周易者趣時而

已其後惟揚雄猶知此義當新莽之際作太玄經效文王之于紂也此

章言文王以危而興紂以易而傾周易之理在是矣周氏弘正謂當紂

時不敢指斥紂惡故其辭微危而不正也懼字承第八章言一部大易

无非一箇懼字懼者何修德也國能懼則不傾家能懼則不亡人能懼

則成立然國與家之能懼皆由人而來懼以始終因初爻尚未至施用

之時一或不慎則本領全乖上爻已至于成功之時一或不慎則前功

盡棄也

右第十一章　言文王作易之本旨

夫乾天下之至健也德行恆易以知險夫坤天下之至順也德行恆簡以

知阻

乾坤即陰陽也吳氏澄曰乾坤謂天地非卦名也易與簡乾坤之德也

險與阻乾坤之行也知其德行而人事可效法也

能說諸心能研諸侯之慮定天下之吉凶成天下之亹亹者

能字指乾坤之功用也說諸心者以乾坤之德識得易簡處心出于自

然所存者是天地流行之氣合三才而為一不愧于天不怍于人者也

侯之二字衍研諸慮者以乾坤之行知其險阻立身在乎戒慎所凜者

皆剛柔變化之理具萬象於沖漠所謂君子慎密而不出者也定以乾

坤定之也乾坤之道如此則吉如此則凶成以乾坤成之也亹亹鄭氏

亥曰沒沒也王氏蕭曰勉也荀氏爽虞氏翻皆作娓娓荀曰娓娓者陰

陽之微可成可敗也順時者成逆時者敗也

是故變化云為吉事有祥象事知器占事知來

云者言也為者行也侯氏果曰易之云為唯變所適為善則吉事必應

觀象則制器可知求占則未形可覩也

天地設位聖人成能人謀鬼謀百姓與能

此節兩能字卽能說諸心能研諸慮之能也天地卽陰陽也設位卽定

位也天地設位卽聖人成易之理也謀者人心之動也人心一動卽數

生也鬼或曰商人尙鬼此言鬼謀卽指商易也然坤爲人門艮爲鬼冥

門中五立極二八可易位人鬼之交如是易之干變萬化不能出中五

之樞機也百姓多愚非若聖人之能成易只能與易之理而已

八卦以象告爻象以情言剛柔雜居而吉凶可見矣

象者如乾天坤地之類是也爻者卦辭也彖者卦辭之象爻之

辭皆由象而生情非象自象情自情也是情不能離乎象象亦不能離

乎情也剛柔卽乾坤雜居卽爻言蓋爻尙變故曰相雜崔氏憬曰言文

王以六爻剛柔相推而物雜居得理者吉失理者凶故吉凶可見矣

變動以利言吉凶以情遷是故愛惡相攻而吉凶生遠近相取而悔吝生

情僞相感而利害生凡易之情近而不相得則凶或害之悔且吝

此節皆言爻之變也之變在愛惡遠近情僞三者而已此三者一言以

蔽之无非先後天之變化而已泰通否塞泰則天地交爲愛爲近爲情

否則天地不交爲惡爲遠爲僞識此二卦即明諸卦交則吉不交則凶

交即无咎不交則悔吝交則利不交爲害曰攻曰感即先後天同

位先天對待後天對待而已然此種同位對待有時亦有凶亦有悔吝

故夫子于凡易之道下五句釋之近則无咎而此曰近而不相得何也

蓋不相得无情也雖卦位對待而无凶害克也同位對待固

吉然有時與卦理相害亦悔且吝也

將叛者其辭慚中心疑者其辭枝吉人之辭寡躁人之辭多誣善之人其

辭游失其守者其辭屈

此節言爻之辭猶人之辭也周公之作爻辭以卦之變憑卦之理按卦

226

之象視卦之位倚卦之數而定之不肯輕下一字无一字不合卦旨叛

者背卦理也疑者與卦理不相感也吉者同位或對待也躁者八純卦

爲多或不交也誣善者克本卦也失其守者爻之變悖卦理也虞氏翻

以六子釋之將叛者爲坎人之辭中心疑者爲離人之辭吉者爲艮人

之辭躁者爲震人之辭誣善者爲兌人之辭失其守者爲巽人之辭又

曰此六子也離上震起艮止兌見巽伏上經終坎離下經終既濟

未濟上繫終乾坤下繫終六子此易之大義也虞氏之說頗有見地

右第十二章　此章釋易之變化以卦理證人事也

周易易解卷九終

說卦傳

隋志秦後失說卦三篇宣帝時河內女子發老屋得之

昔者聖人之作易也幽贊于神明而生蓍

聖人卽作易之人也荀氏爽曰幽隱也贊見也神者在天明者在地神

以夜光明以晝照蓍者冊也生蓍者謂蓍從爻中生也贊干氏寶作求

蘇氏軾曰介紹傳命謂之贊天地鬼神不能與人接故以蓍龜爲之介

紹然細按此章之義先生蓍由蓍而倚數由數而立卦由卦而生爻蓋

著者不過以紀數而已

參天兩地而倚數

天奇數也地耦數也數盡于四而極于五者也六者減一卽五之數也

七者減二即五之數也八者減三即五之數也九者減四即五之數也

是以五爲天地之大數參者天一天三天五之數合之爲九即乾之用

九也兩者地二地四之數合之爲六即坤之用六也卦爲耦數故爻亦

爲六而不言六者因六之數包括于參兩之內也參兩二字中含五數

不曰三而曰參不曰二而曰兩蓋五之數由二三之數合而成之非

由安排而自然合轍其理至微故以參兩二字形容之參兩之理中爻

之所自出也盖二至四爲一互卦二者兩也兩地者言人在地之上三

至五爲一互卦三者參也參天者言人在天之下中爻即人也總之規

矩方圓度量衡準凡有數可憑者莫不在參兩二字之中人能悟得此

理然後可以讀易曰倚者人依之以立數也

觀變于陰陽而立卦發揮于剛柔而生爻和順于道德而理于義窮理盡

性以至于命

變卽十有八變而成卦之變也蓍所生之數四五為陽九八為陰爻之

陰陽視蓍之數凡十有八變觀其陰陽立為一卦卦既立矣然後將六

爻發揮之剛卽陽柔卽陰爻之用與卦異卦者體也爻者用也卦者不

易也爻者變易也在爻時則剛推柔柔亦可推剛故曰發揮爻既生矣

然後和順其一陰一陽之道乾坤之德求其所以然之故故曰理于義

兩理字意各不同下理字卦理也性卦之性也命天命也窮理者窮天

地之理也盡性者盡人物之性也至于命卽天人合一之旨見矣

右第一章

昔者聖人之作易也將以順性命之理是以立天之道曰陰與陽立地之

道曰柔與剛立人之道曰仁與義兼三才而兩之故易六畫而成卦分陰

分陽迭用柔剛故易六位而成章

陰陽剛柔仁義皆性命之理也順者言陰陽剛柔仁義皆有一定之序

也即立卦之立也天道地道人道皆以六畫立卦之中表而出之以

三畫言初爻爲地二爻爲人三爻爲天以重卦言初二兩爻爲地道三

四兩爻爲人道五上兩爻爲天道與字當重讀之不即曰陰陽剛柔仁

義而間以與字者是易之體用皆由此流露而出无此與字是天自爲

天地自爲地人自爲人而已故陰與陽柔與剛天地相交之義天地相

交則仁義自生仁者生之理故果實之仁亦曰仁爲資始之道義者從

羊善羣之物也乾鑿度曰天動而施曰仁地靜而理曰義重言兼三才

而兩之言中爻即立人之道也成卦者成一卦也成章者指

右第二章

爻言也

天地定位山澤通氣雷風相薄水火不相射八卦相錯

此言先天之卦位也項氏安世曰言先天之順象也薄馬氏融曰入也

陸氏續曰附薄也邵子曰此伏羲八卦之位乾南坤北離東坎西兌居

東南震居東北巽居西南艮居西北於是八卦相交而成六十四卦所

謂先天之學也凡卦之吉凶皆由此推測之周易上經首乾坤即天地

定位也因乾坤為父母故首列兩卦乾之用九坤之用六即上章所謂

迭用柔剛用九剛推柔也用六柔推剛也卦雖為二合則一矣餘六卦

上經終坎離即水火不相射也下經首咸恆咸者山澤通氣也恆者雷

風相薄也下經終既濟未濟亦水火不相射也錯即陰陽相對也

數往者順知來者逆是故易逆數也

此言先天之逆數也後天亦尙逆數見第六章易之大用惟此而已項

氏安世謂此言先天之逆數也不知後天亦有逆數崔氏駟謂陰數起

于四後儒均未能解此指後天之逆數也崔氏不知先天亦有逆數今

與第六章合解之使人易于貫通崔氏之說因天心在中陽數起于六

一二

雷以動之風以散之雨以潤之日以烜之艮以止之兌以說之乾以君之

以巽爲六而已是故兩字重言以申明之意

自兌七而乾六卽知來者逆是也惟數各有不同順則以乾爲六逆則

而坤二自坤二而坎一自坎一而離九自離九而艮八自艮八而兌七

三自震三而巽四卽數往者順是也巽爲地戶自巽四而震三自震三

七而艮八自艮八而離九自離九而坎一自坎一而坤二自坤二而震

眞理可從泰卦求之自得矣以後天言乾爲天門自乾六而兌七自兌

而巽五卽知來者逆也是將先天卦位分而爲二非的謂也所謂逆之

由離三而震四卽數往者順也由坤八而艮七由艮七而坎六由坎六

所謂順逆皆以天地定位一句着筆謂由乾一而兌二由兌二而離三

相交後天乾順巽逆爲變化之大用今之解此者所謂數知所謂往來

順也陰數起于四逆也先天爲流行之氣後天爲對待之位先天乾坤

234

此言先天將變後天之機也楊氏无咎補正三易圖說以爲歸藏之位

也九家易曰乾坤交索既生六子各任其才往生物也雨坎也日離也

君者羣統也荀氏爽曰建卯之月震卦用事天地和合萬物萌動也建

已之月萬物上達布散田野建子之月含育萌芽也建午之月太陽欲

長者也建丑之月消息畢止也建酉之月萬物成孰也建亥之月乾坤

合居君臣位得也荀氏之說雖不及坤然九家易曰建申之月坤在乾

下包藏萬物也月建出于後天以荀氏之說觀之是漢時已用後天之

位矣因卯在震宮已在巽宮子在坎宮午在離宮丑在艮宮酉在兌宮

亥在乾宮申在坤宮後天方位也

右第四章　楊氏无咎以天地定位一節爲連山卦位雷以動之一節

爲歸藏卦位連山皆相對歸藏皆相連相對九數相連亦九數惟相連

一四

之說與荀氏相反

帝出乎震齊乎巽相見乎離致役乎坤說言乎兌戰乎乾勞乎坎成言乎
艮

此言後天之卦位合上三章四章觀之先天後天之變原不必待圖始
明邵子以此卦位爲文王所定此說不敢信如連山首艮歸藏首坤卦
卦可以爲首以時爲之而已此之位與數无非得立極之神妙易道變
化非一圖可以限制者也崔氏憬曰帝者天之王氣也春分震王而萬
物出生立春巽王而萬物潔齊立夏離王而萬物皆相見也立秋坤王
而萬物致養也秋分兌王而萬物所說立冬乾王而陽陰相薄冬至坎
王而萬物之所歸也立春艮王而萬物之所成終成始也此說足與上
章所引荀氏爽說相錄明列表如下以明之實後天之位也

震　二月　春　需以　　荀氏爽曰建卯之月震卦用事天地和會萬物萌勤也
建卯　分　氣　勤之

巽
四月
立夏　節
風以散之
荀氏爽曰建巳之月萬物上達布散四野

離
五月　建巳
夏至　氣
日以烜之
荀氏爽曰建午之月太陽欲長者也

坤
七月　建申
立秋　節
坤以藏之
九家易曰建申之月坤在乾下包藏萬物也

兌
八月　建西
秋分　氣
兌以說之
荀氏爽曰建西之月萬物成就也

乾
十月　建亥
立冬　節
乾以君之
荀氏爽曰建亥之月乾坤合度君臣位得也

坎
十一月　建子
冬至　氣
雨以潤之
荀氏爽曰建子之月含育萌芽也

艮
建寅
正月
立春　節
止之
皆在艮宮也
荀氏爽曰建丑之月消息畢止也崔氏憬作寅丑與寅

萬物出乎震震東方也齊乎巽巽東南也齊也者言萬物之潔齊也離
者明也萬物皆相見南方之卦也聖人南面而聽天下嚮明而治蓋取諸
此也坤也者地也萬物皆致養故曰致役乎坤兌正秋也萬物之所說也
故曰說言乎兌戰乎乾乾西北之卦也言陰陽相薄也坎者水也正北方
之卦也勞卦也萬物之所歸也故曰勞乎坎艮東北之卦也萬物之所成

終而所成始也故曰成言乎艮

此節聖人南面而聽天下三句全文氣不貫穿疑漢人竄入也萬物得

王氣之化育始能生長時分四時以生萬物此之卦位與今所謂後天

卦位正合漢學家雖力詆先後天卦圖之說讀此節雖无圖而圖自在

也朱氏震引鄭氏立說今據李氏富孫李氏易解賸義本錄下萬物出

乎震雷發聲以生之也齊乎巽風搖動以齊之也潔猶新也相見於離

萬物皆相見日照之使光大萬物皆致養也地氣含養使有秀實萬物

之所說草木皆老猶以澤氣說成之戰言陰陽相薄西北陰也而乾以

純陽臨之也坎勞卦也水性勞而不倦萬物之所歸也萬物自春出生

于地冬氣閉藏還皆入地萬物之所成終而所成始也言陰氣終陽氣

盛皆艮之用事也鄭氏樵曰乾居西北父道也父道尊嚴嚴凝之氣

于西北萬物成就之方也坤居西南母道也母道在養育萬物萬物之

238

生盛于西南西南萬物長養之方也坎艮震位次于乾統三男也巽離

兌位夾乎坤統三女也西北盛陰用事而陰氣盛矣非至健莫與爭故

陰陽相薄曰戰以上二說不如上節崔氏之說因春木王震爲木出者

坼甲也巽四維卦也在春夏之交草木繁盛齊者巽柔木草類之象也

午在離爲夏至日之至長者也故萬物皆相見坤亦四維卦也夏秋之

交物將成孰土氣正王故曰萬物皆致養也兌正秋也其時草木黃落

萬物之所說也說同脫乾亦四維卦也在戌亥之月秋冬之交陰陽相

薄也坎爲冬至日至此最短過此日又返故曰萬物之所歸也艮之方

位亦四維卦也在大雪立春之際萬物以之始以之終也此節實言四

時因萬物之生成莫不出四時而來也凡四立之節皆在四維維者以

一卦繫二時也至潔齊二字古今釋此者則以項氏安世爲最善其言

曰萬物至巽而甲盡脫故爲潔而齊

右第五章　楊氏无咎以此章為周易之卦位

物也

神也者妙萬物而為言者也動萬物者莫疾乎雷撓萬物者莫疾乎風燥

萬物者莫熯乎火說萬物者莫說乎澤潤萬物者莫潤乎水終萬物始

物者莫盛乎艮故水火相逮雷風不相悖山澤通氣然後能變化既成萬

物也

此言後天卦位之入用也並言後天之逆數也不言乾坤者因乾坤包

括在神字之內神卽陰陽不測之謂神也乾資始坤資生乾大生坤廣

生乾主變坤主化卽妙也妙萬物者為乾坤之德也乾坤統六子故此

章專言六子之功用鄭氏玄曰共成萬物物不可得而分故合謂之神

鄭氏所謂共成萬物因乾則孤陽不生坤則獨陰不長必乾坤合然後

萬物始生也曰勈曰撓曰說曰潤曰終始雖六子之功用然皆包

括于妙字之內水火相逮雷風不相悖山澤通氣三句古今注者仍以

240

天地定位一章相提並論實不明此章之義焉能知易之變化其義惟

何卽逆數也惟崔氏憬注山澤通氣有云言山澤雖縣遠而氣交通先

天艮兌對待通氣也後天之位兌正秋艮東北縣遠也然其數兌七艮

八而氣相通也似崔氏能知此義矣水火相逮者與水火不相射不同

後天之數離九坎一順則由九而數一逆則由一而數九故曰相逮雷

風不相悖者與雷風相逮不同後天之數震三巽四順則由三而數四

逆則由四而數三故曰不相悖山澤通氣皆與第三章山澤通氣字雖

同而義不同後天之數兌七艮八順則由七而數八逆則由八而數七

故曰通氣此章所謂相逮不相悖通氣皆指數言不言乾六坤二者此

六此二藉六子始能變化而成萬物也說者每與第三章混而為一則

其理永不能明矣

右第六章　此章言後天逆數也

乾健也

虞氏翻曰精剛自勝動行不休故健也鄭氏本玉曰以下省稱鄭氏讀者勿誤為康成 乾

純陽動而不息

坤順也

虞氏翻曰純柔承天時行故順蘇氏軾曰循萬物之理无往而不自得

是之謂順鄭曰坤純陰靜而從陽

震動也．

虞氏翻曰陽出動行鄭曰震剛好進銳作上起

巽入也

虞氏翻曰乾初入陰蘇氏軾曰執柔而不爭无往而不見納故謂之入

鄭曰巽柔始生潛伏上侵

坎陷也

虞氏翻曰陽陷陰中張子曰一陷溺而不得出爲坎鄭曰坎一陽在陰

中上下皆順必溺而陷之

離麗也

虞氏翻曰日麗乾剛張子曰一附麗而不能去爲麗鄭曰離一陰在陽

中上下皆健必附而麗之案虞氏所謂日麗乾剛指先後天同位言也

艮止也

虞氏翻曰陽位在上故止鄭曰艮一陽在上前无所往故止

兌說也

虞氏翻曰震爲大笑陽息震成兌震言出口故說鄭曰兌一陰順見于

外情有所發必說

右第七章　此章言八卦之性情皆三畫而言也自此章至十一章注

引鄭曰爲鄭氏本玉讀易輯要淺釋中語此書言象最便初學故全錄

之鄭氏亦博採舊說加以釐定取便記憶而已

乾為馬

春秋玄巽郵曰陰合于八八合陽九八九七十二二為地地主月月精

為馬故馬十二月而生孔疏乾象天行健故為馬項氏安世曰造化權

輿云乾陽物也馬故蹄圓陽病則陰故馬疾則臥馬陽物故起先前足

臥先後足鄭曰馬性健而不息其蹄圓乾象也

坤為牛

孔疏坤象地任重而順故為牛項氏安世曰坤陰物也牛故蹄拆陰病

則陽故牛疾則立牛陰物故起先後足臥先前足鄭曰牛性順而載重

其蹄拆坤象也

震為龍

孔疏震象龍動故為龍項氏安世曰東方七宿有角有尾謂之蒼龍鄭

易學經典文庫

曰震以奮動之身而靜息于重陰之下龍象也案鄭說實探邵子所謂

重淵之下動物非龍乎是也

巽爲雞

九家易曰應八風也風應節而變變不失時雞時至而鳴與風相應也

二九十八主風精爲雞故雞十八日剖而成雞二九順陽歷故雞知時

而鳴孔疏雞能知時故爲雞鄭曰巽以入伏之身而出聲于重陽之上

雞象也

坎爲豕

京氏房作彘九家易曰汚辱卑下也六九五十四主時精爲豕坎豕懷

胎四月而生宣時理節是其義也孔疏豕行汚溼故爲豕鄭曰豕外質

濁而心躁剛在外也

離爲雉

孔疏離為文明雉為文章故離為雉鄭曰雉外文明而性介陽明在外

也

艮為狗

子夏傳曰斗主狗斗止而動艮之象也春秋攷異郵曰雉七九六十三陽

氣通故斗運狗三月而生也狗三月而生陽立于三故狗各高三尺九

家易曰艮止主守禦也艮數三七九六十三三主斗為犬故犬懷胎

三月而生斗運行十三時日出故犬十三日而開目斗屈故犬臥屈也

斗運行四匝而犬亦夜繞室也火之精畏水不敢飲但舌舐水耳犬鬭

以水灌之則解也犬近奎星故犬淫不避人也按三說皆合斗中狗二

星星在斗魁前主守禦奸究狗國四星主四方夷項氏安世曰艮位在

寅火墓于戌而生于寅胡氏煦解之曰戌為火墓故畏水飲則以舌舐

之犬鬭灌水則解其說頗可采艮數三艮中有寅數三也三主斗者寅

宮古天文度數斗所臨也鄭曰艮　剛能止物而內柔者狗也

兌為羊

鄭氏玄曰其畜好剛鹵王氏廙曰羊者順之畜故為羊也孔疏兌為說

羊者順從之畜故為羊項氏安世曰羊值未而主兌金生于土也羊屬

土土生金故角觸羊屬土故土怪為犢羊鄭曰兌外柔能說羣而內很

者羊也

右第八章　此章言遠取諸物也九家易釋此如巽為二九坎為六九

艮為七九春秋效異郵以乾為八九為漢易之的傳與鄭氏爻辰之說

頗合惜學者畏其難皆棄而不講好學如姚氏配中亦中此毒原擬補

九家易之缺恐開攻訐之門不欲言也項氏安世以三合之說解之其

弊在棄卦棄干而重支朱氏震漢上易傳撫集漢人之說甚多其學專

尚象解此章頗合想爻辰之說當時猶有流傳也茲節其言曰震東方

卦直春分以後辰亦爲龍蒼龍之灾也巽爲風風主號令故雞號知時

美脊剛齮坎中陽也垂耳俯首而尾不足本末陰也亥爲豕者直室也

坎之所自生也巽離爲飛鳥者南方七宿朱鳥也午爲鶉火之灾未爲

鶉首巳爲鶉尾其陳在柳其翼在翌柳午也離也翌巳也巽也搏噬者

前剛也直婁也羊內很者二陽伏于一陰之下也其說大醇小疵源出

鄭氏爻辰

乾爲首

回而在上乾也

京氏房曰上爻爲頭目孔疏乾尊而在上故爲首鄭曰首爲衆陽所會

坤爲腹

陸氏績曰坤順容于物孔疏坤能包藏含容故爲腹也鄭曰腹爲衆陰

所藏虛而有容坤也

震為足、

孔疏震動用故為足鄭曰一陽動于下足也

巽為股

孔疏巽為順股順隨于足故巽為股鄭曰陰拆而入于下股也

坎為耳

孔疏坎北方主聽故為耳項氏安世曰坎陽陷于陰故耳居陰而能聽

鄭曰陽明在內猶耳之聽在內也兩旁暗而內一陽明能納言在內故

為耳

離為目

孔疏離南方主視故為目項氏安世曰離陰麗于陽故目資陽而後視

鄭曰陽明在外猶目之明任外也陽白陰黑離之黑居中黑白分明離

之象也

艮為手

孔疏艮為止手亦止持於物使不動故艮為手鄭曰動于上而握物艮

止之象也

兌為口

鄭氏玄曰上開似口孔疏兌為說口所以說言故兌為口鄭曰口開于

上而能言笑兌說之象也

右第九章　此言近取諸身也宋人講易每以此章與天地定位一節

相提並論麻衣圖南皆以艮為鼻面之山也且以管輅語何晏鼻為面

山證之其實手之于人身何嘗非山象也艮之卦辭艮其背背象山兩

手如山之脉絡也

乾天也故稱乎父坤地也故稱乎母

崔氏憬曰欲明六子故先說乾稱天父坤稱地母陸氏績曰坤稱母取

含養也鄭曰六子皆自乾坤而來故稱父母

震一索而得男故謂之長男巽一索而得女故謂之長女坎再索而得男

故謂之中男離再索而得女故謂之中女艮三索而得男故謂之少男兌

三索而得女故謂之少女

馬氏融曰索數也王氏肅曰索求也以乾坤為父母而求其子也得父

氣者為男得母氣者為女坤初求乾氣為震故曰長男坤二求得乾

氣為坎故曰中男坤三求得乾氣為艮故曰少男乾初求坤氣為巽

故曰長女乾二求得坤氣為離故曰中女乾三求得坤氣為兌故曰少

女孔疏引王氏之說而曰此言所以生六子者也吳氏澄曰一索謂交

初再索謂交中三索謂交上以索之先後為長中少之次鄭曰索者陰

陽相求也陽先求陰則陽入陰中而為男陰先求陽則陰入陽中而為

女一索者初爻也在中爻為再索在三爻為三索按天地也父母也男

女也卽陰陽之謂如雌雄牝牝亦陰陽也陰陽者對待而已陽中索陰

陰中索陽爲乾之資始坤之資生造化萬物人倫始立故在物曰雌雄

牝牡在人曰父母男女以別人於禽獸也所謂索者一往一來以乾之

體以坤之用共成萬物者也

右第十章　此章以八卦分父母男女一家之象也

乾爲天

宋氏衷曰乾動作不解天亦轉運鄭氏玄曰天清明无形姚氏配中曰

積陽爲天積陰爲地天者羣物之祖也鄭曰乾純陽在上故爲天

爲圜

說文圜天體也宋氏衷曰動作轉運非圜不能故爲圜孔疏天動運轉

故爲圜鄭曰天體圜而運轉不息爲圜按天體圜卽天之所覆之意除

說文外皆有語病

為君

虞氏翻曰貴而尊也陸氏績曰乾為首也乾象堅剛天地之尊故曰君

父孔疏為君為父取其尊道鄭曰居上為萬物主為君

為父

虞氏翻曰成三男其取類大故為父也鄭曰萬物資始為父

為玉為金

崔氏憬曰天體清明而剛故為玉為金鄭曰色白而純粹无瑕為玉質

堅而純剛能斷為金粲後天乾居艮位山之寶藏金玉為貴故為玉為

金

為寒為冰

崔氏憬曰乾主立冬已後冬至已前故為寒為冰也孔疏取其西北冰

寒之地張子曰為冰健極而寒甚也吳氏澄曰為寒位西北也為冰寒

之凝也吳氏以寒冰兩字分釋之頗合鄭云後天乾居西北當戌亥之

月其候水始冰地始凍故爲寒爲冰較吳氏尤精

爲大赤

虞氏翻曰大陽爲赤月望出入時也崔氏憬曰乾四月純陽之卦故取

盛陽色爲大赤孔疏大赤盛陽之色吳氏澄曰赤加大字以別于坎坎

中陽爲赤乾純陽故爲大赤鄭曰先天乾居正南火方故色爲大赤按

乾兌皆金兌爲赤乾在兌上故曰大赤

爲良馬

虞氏翻曰乾善故良也孔疏良馬行健之善鄭曰純陽善走者馬也德

莫尚者爲良馬

爲老馬

九家易曰言氣衰也息而已必當復消故爲老馬也按九家易息至已

者因十二地支午屬馬自子至已爲陽自午至亥爲陰至午則已老故

馬齒增七爲老馬孔疏老馬行健之久吳氏澄曰老謂老陽健之最久

者也鄭曰智莫尙爲老馬

爲瘠馬

京氏荀氏作柴馬云多筋幹鄭氏亥亦曰凡骨爲陽肉爲陰乾陽皆骨

故爲瘠馬王氏廙曰瘠健之甚者爲多骨也崔氏憬曰骨爲陽肉爲陰

乾純陽爻骨多故爲瘠馬也孔疏瘠馬行健之甚瘠馬骨多也鄭曰骨

莫尙爲瘠馬健之最堅者也

爲駁馬

宋氏衷曰天有五行之色故爲駁馬也王氏廙曰駁馬能食虎豹取其

至健也孔疏駁馬有牙如鋸能食虎豹取其至健吳氏澄曰駁馬鋸齒

食虎豹健之最威猛者也鄭曰力莫尙爲駁馬健之最猛者也按駁馬

今中國已无之據諸家之說考之疑卽今非洲所產之斑馬其文黑白

成理土人呼齊駁駁推馬斯含有駁馬之音想中國古時亦有此物也

為木果

宋氏衷日羣星著天似果實著木故為木果王氏虞曰取其實著木有
似星之著天也鄭曰圓而在上為木果天之大德曰生木上有果生氣
之完也按木之根幹枝葉華實皆始于果猶卦之成而為六十四爻之
成而為三百八十有四皆始于乾也故乾為萬物資始

荀九家有為龍為直為衣為言

坤為地

虞氏翻曰柔道靜鄭曰純陰在下為地

為母

虞氏翻曰成三女能致養為母孔疏地受生育故為母鄭曰萬物資生

為母

為布

崔氏憬曰徧布萬物于致養故坤為布孔疏布取廣載項氏安世以古

者泉貨為布能隨百物之貴賤而賦之坤之象也蓋取其順也鄭曰地

東西為經南北為緯中廣平而旁有邊幅故為布按坤至柔者也坤之

晝細密而不素今布亦至柔之物也又細密而不素者也

為釜

孔疏取其化生成孰故為釜也鄭曰容物孰物而能養物者釜也且六

斗四升為釜坤包六十四卦故為釜也

為吝嗇

孔疏取地道生物而不轉移故為吝嗇也鄭曰陰主收斂故為吝嗇按

卦晝斷而碎象瑣碎故吝嗇

為均

崔氏憬曰取地生萬物不擇善惡故爲均也項氏安世以均爲旋瓦吳
氏澄曰均者陶人造瓦所用載土以成器物也鄭曰卦象平分而地无
私載故爲均

為子母牛

九家易曰土能生育牛亦含養故爲子母牛也孔疏子母牛取其多蕃
育而順之鄭曰性順多孕生生相繼爲子母牛按牛性順子母相隨不
離故也

為大輿

孔疏取其能載故爲大輿也胡氏煦曰爾雅權輿始也權天之始輿地
之始一曰古人造衡自權始造車自輿始鄭曰形方能載重故爲大輿
按輿虛而能容物狀如腹故坤爲腹

九家易曰萬物相雜故爲文也孔疏爻萬物之色雜也項氏安世曰乾

質而坤文鄭曰奇爲質耦爲文三畫平分而成章也

爲衆

虞氏翻曰物三稱羣陰爲民三陰相隨故爲衆也項氏安世曰乾一故

坤衆鄭曰三畫斷而六畫六畫斷而十二畫故爲衆按鄭氏此釋謂六

畫斷而十二畫不知此章言象皆三畫卦非六畫卦也誤坤之爲衆指

卦畫之最多而言

為柄

崔氏憬曰萬物依之爲本故爲柄孔疏柄生物之本鄭曰在下而承物

于上爲柄坤持成德之權也按人持物則柄必順地故爲柄

其于地也爲黑

崔氏憬曰坤十月卦極陰之色故其于色也爲黑矣孔疏極陰之色鄭

曰極陰之色先天坤居正北故色爲黑按坤成于亥是月立冬以水王

其色黑

荀九家有爲牝爲迷爲方爲囊爲裳爲黃爲帛爲漿

震爲雷

虞氏翻曰太陽火得水有聲故爲雷也鄭曰震正東方二月之卦震氣

動于下爲雷

爲龍

虞氏翻干氏寶皆作駹鄭氏玄曰龍讀作厖取日出時色雜也虞氏曰

駹蒼色震東方故爲駹舊讀作龍非也按虞氏此說謂上已

爲龍非也然如乾爲天坤爲地震爲雷均上已爲天爲地爲雷亦均可

謂之非乎乾爲天虞氏雖无注至坤爲地震爲雷虞氏有注矣干氏曰

驥雜色蓋以震爲龍者位在東方蒼龍七宿也以卦象論則一陽動奮

于內龍象也一陽動于初爻非潛龍也鄭曰神物動于淵爲龍按動于

淵指初爻言

爲玄黃

兼有天地之氣爲玄黃

生震故兼有天地之色得乾初畫爲玄得坤中畫爲黃鄭曰乾坤始交

虞氏翻曰天玄地黃震天地之雜色故爲玄黃吳氏澄曰乾坤始交而

爲專

虞氏翻作專謂陽在初隱靜未出觸坤故專則乾靜也專延叔堅說以

專爲專大布非也姚氏信亦作專一也王氏蕭曰專華之通名鋪爲花

貌謂之藪干氏寶說同按虞氏之說專先于專以卦象論一陽爲根本

二陰爲花萼較專爲善姚氏配中曰象春生之氣仲春之月桃始華華

二十七

敷也鄭曰陽氣始施爲專

爲大塗

鄭氏玄曰國中三道曰塗震上值房心塗而大者取房有三塗焉王氏

廙曰大塗萬物所生崔氏憬曰萬物所出在春故爲大塗取其通生性

焉孔疏亦謂大塗萬物之所出鄭曰上二偶開張前无雍塞爲大塗

爲長子

虞氏翻曰乾一索故爲長子按虞氏以爲龍爲非則爲長子何常非上

己爲長子顧此失彼爲說經之通病鄭曰一索而得男爲長子

爲決躁

崔氏憬曰取其剛在下動故爲決躁也孔疏決躁剛動也胡氏煦曰決

者陽之力躁者陽之性震一陽生于下而上進以決陽其動也躁故爲

決躁鄭曰陽動決陰其進也決爲決躁

為蒼筤竹為萑葦

九家易曰蒼筤青也震陽在下根長堅剛陰爻在中使外蒼筤也萑葦

兼葭也根莖叢生蔓衍相連有似雷行也鄭氏玄曰萑葦竹類孔疏蒼

筤竹竹初生時色蒼筤也項氏安世曰蒼筤青也震之本色也吳氏澄

曰為蒼筤竹蒼深青色筤謂色之美蓋竹之筠也為萑葦荻葦蘆竹

與萑葦皆下本實而上幹虞胡氏煦曰陽虛也陰實也陽在內故竹中

虛陰在外故色蒼正陽之色非大明則大赤東方之色乃日初出之地將明

未明其色青黑故震之初陽象之鄭曰東方之色蒼下苞上茂本實輶

虞陽下陰上之象故為蒼筤竹為萑葦

其於馬也為善鳴

馬為善鳴

虞氏翻曰為雷故善鳴也孔疏善鳴雷聲之遠聞鄭曰上耦開張故于

為馵足

京氏房作末足謂陽在下也虞氏翻曰馬白後左足爲馵孔疏白足爲

馵動而見也鄭曰爾雅馬左白曰馵震居左一陽白又爲足故爲馵足

按陽爲白色也

爲作足

故爲作足

虞氏翻曰震爲左爲足初陽白故爲作足鄭曰兩足並舉曰作震性動

爲的顙

故爲的顙

說文无的字卽馰也虞氏翻曰的白顙也震體頭在口上白故的顙

詩云有馬白顚是也鄭曰額有白色曰的顙頭上旋毛如射之的故爲

的顙按馵作與的顙皆震之一陽動于二陰之下象也

其于稼也爲反生

宋氏衷曰陰在上陽在下故爲反生謂棗豆之類戴甲而生鄭氏玄曰
生而反出也反其生者有生而不生虞氏翻以反作阪謂阪陵也陸氏
績曰阪當作坂孔疏反生取其始生戴甲而出鄭曰子墮苗抽剛反而
生于下故于稼爲反生按稼之反生稼實成熟時實落于地復出萌芽
者也此象一陽動于下也

其究爲健爲蕃鮮

虞氏翻曰震巽相薄變而至三則下象究與四成乾故其究爲健爲蕃
鮮巽究爲躁卦躁卦則震震雷巽風无形故卦特變耳虞氏此解初學
者未易領會按蒼筤竹萑葦與稼皆中虛而挺生故曰健也竹萑葦與
稼雖草類然直立如木故震象之陸氏佃曰究爲純陽之健究其前之
進也蕃鮮究其後之所變也三變爲巽繼震之木故云震花變巽爲草
震龍變巽爲魚一曰鮮爲魚究健者究陽之前進也究鮮者究一陽之

對待也此說申明虞氏之義然以鮮爲魚由震爲龍而來其說未當吳

氏澄曰其究爲健中上二畫變則爲乾也爲蕃盛而鮮美謂春生

之草也草下一根而草分開于上也說最易解鄭曰陽長終究必至于

乾健故其究爲健始蕃而終必盛蕃育鮮明極言盛衰之不可量震巽

獨以究言剛柔之始也按究者究竟也震爲一索究其再索三索合坎

艮二卦與震合觀之此三男雖三卦其實卽乾之全體也虞氏言巽巽

震之對待也巽之究爲躁卦卽反而爲震也此卽虞說之意

荀九家有爲王爲鵠爲鼓

巽爲木

宋氏衷曰陽動陰靜二陽動于上一陰安靜于下有似於木也孔疏巽

爲木可以輮曲直巽順之謂也吳氏澄曰耦而下者木之根奇而上升

者木之榦鄭曰巽入也物之善入者惟木无土不穿

為風

陸氏績曰風土氣也巽坤之所生故為風亦取靜于本而動于末也按

陸氏巽坤之所生即指先後天同位言也風行地上今巽下斷即為地

之隙處風之所自來也鄭曰氣之善入者惟風无物不被

為長女

荀氏爽曰柔在初鄭曰一索而得女為長女

為繩直

翟氏玄曰上二陽共正一陰使不得邪僻如繩之直孔疏取其號令齊

物如繩直也鄭曰木曰曲直繩所以糾木之曲者故曰繩直

為工

鄭氏玄作墨荀氏爽曰以繩木故為工虞氏翻曰為近利市三倍故為

工子夏曰工居肆蓋木之從正者為繩直木之受治者為工鄭曰引繩

制木爲工

爲白

虞氏翻曰乾陽在上故白孔疏取其風吹去塵故絜白也吳氏澄曰白

爲陽黑爲陰巽上中白而下黑白多于黑也鄭曰先天巽居西南金方

其色爲白

爲長

一

崔氏憬曰取風行之遠故爲長孔疏同鄭曰風行最長

爲高

虞氏翻曰乾陽在上長故高孔疏取木生而高上鄭曰木升最高

爲進退爲不果

虞氏翻曰陽初退故進退荀氏爽曰風行無常故進退風行或東或西

故不果鄭曰陽性至果陰性多疑風行无常或東或西故爲進退爲不

果

為臭

王氏蕭本作香臭虞氏翻曰臭氣也風至知氣巽二入艮鼻故為臭繫

辭曰其臭如蘭按巽二入艮鼻即巽之二爻變陰為艮也艮為鼻鄭曰

一陰伏于二陽之下氣鬱不散以風傳之故為臭

其于人也為寡髮

鄭氏玄曰寡髮取四月靡草死髮在人體猶靡草之在地虞氏翻以寡

作宣謂色白故宣髮馬君以為寡髮非也孔疏寡髮風落樹之華葉則

在樹者稀疏如人之少髮鄭曰髮為血所生一陰入于下而未上行故

其人為寡髮按虞氏作宣非項氏安世以寡髮為肺之風白眼為肝之

風因人之病出于風者為多

為廣顙

虞氏翻曰變至三坤爲廣四動成乾爲頯在頭口上故爲廣頯與震的

頯同義震一陽故爲的頯巽變乾二陽爲廣頯按虞氏以六畫釋此誤

廣頯二陽也鄭曰陽氣獨上感故廣頯

爲多白眼

虞氏翻曰爲白離目上向則白眼見故多白眼按虞氏此說亦以六畫

釋之重在離目上向四字然中爻雖互離今僅言其于人也未言其究

也是尚未至上向之時也不如用吳氏白爲陽黑爲陰爲當因離之正

位在二爻今二爻爲陽故爲白鄭曰陽白陰黑離之黑在中爲目之正

巽則二白在上一黑在下故爲多白眼

爲近利市三倍

虞氏翻曰變至三成坤坤爲近四動乾乾爲利至五成噬嗑故稱市乾

三爻爲三倍故爲近利市三倍動上成震故其究爲躁卦八卦諸爻唯

震巽變耳項氏安世曰巿人之謀利者亦巽入而人不知也按此章卦

象皆三畫卦也虞氏多以六畫卦釋之此釋尤覺舍近取遠於義爲迂

鄭曰後天離居正南巽居東南近離離爲日中之巿其數三爲利巿三

倍巽入而禽侵牟二陽故爲近利巿三倍

其究爲躁卦

虞氏翻曰變至五成噬嗑爲巿動上成震故其究爲躁卦明震內體爲

專外體爲躁虞氏此釋不能如震之其究爲健之的當且其究其躁卦

不能與上句近利巿三倍相混其究者巽卦之自始而終也包括巽之

再索三索言也爲近利巿三倍巽之正位也由一索而巽言也鄭曰震

爲決躁巽錯卽震其究長而上之復必爲躁卦也

荀九家有爲楊爲鸛

坎爲水

宋氏夔曰坎陽在中內光明有似於水吳氏澄曰水者坎之本象羲皇

畫三以象水上下二陰象土之凹中陽象水之流于凹中鄭曰坎一陽

內明爲水本宋氏說

爲溝瀆

虞氏翻曰以陽關坤水性流通故爲溝瀆也鄭曰物陷則汙小者爲溝

大者爲瀆

爲隱伏

虞氏翻曰陽藏坤中故爲隱伏也按虞氏此說可證先後天卦位之理

鄭曰水由地中行爲隱伏

爲矯揉

宋氏夔曰曲者更直爲矯直者更曲爲揉水流有曲直故爲矯揉鄭曰

矯直使曲揉曲使直陽欲直而陰欲曲有水流曲直之象故爲矯揉本

氏說也按凡器之矯揉先炙以火後以水定之火者中之一陽水者上

下二陰也

爲弓輪

虞氏翻曰可矯揉故爲弓輪坎爲月月在於庚爲弓在甲象輪故弓輪

也輪姚氏信作倫非鄭曰水激射如弓運轉如輪二物中勁皆矯揉而

成故爲弓輪按坎爲月虞氏以月盈虛釋此頗合三日暮震象出庚上

弦月似弓十五日乾象盈甲月望也

其於人也爲加憂

虞氏翻曰兩陰失心爲多眚故加憂鄭曰陷而成險心危慮深於人爲

加憂

爲心病

虞氏翻曰爲勞而加憂故心病亦以坎爲心坎二折坤爲心病按虞氏

釋加憂與心病皆指二爻變言也變則心塞而不靈故憂病象鄭曰中

滿而不虛靈為心病

為耳痛

之中故耳痛

孔疏坎勞卦也又主聽聽勞則耳痛鄭曰坎為耳耳以虛為體一畫實

為血卦

孔疏人之有血猶地有水赤血色也是連下為赤同句讀鄭曰坎在天

地為水在人身為血固天地之血脈也鄭以為血讀卦連下為赤非

為赤

李氏鼎祚曰十一月一陽爻生在坎陽氣初生于黃泉其色赤也鄭曰

得乾中畫亦分乾之赤色但不大耳故為赤亦由血卦之色相承而言

也鄭說赤與血相承未始無理惟卦為赤非見離卦自明

其于馬也為美脊

宋氏衷曰陽在中央馬脊之象也按以下至為曳均喻馬然遠取諸物

亦可近取諸身也鄭曰剛在中而兩陰旁分故于馬為美脊

為亟心

崔氏憬曰取其內陽剛動故為亟心也亟荀氏爽作極謂中也於馬無

所取義非是鄭曰剛在內而躁故亟心

為下首

荀氏爽曰水之流首卑下也按荀氏此說僅以坎為水解而不以馬解

亦非曰美脊馬之脊也曰亟心馬之心也曰下首馬之首也下薄蹄與

曳亦皆言馬也鄭曰柔在上故首垂不昂

為薄蹄

九家易曰薄蹄者在下水又趨下則流散流散則薄故為薄蹄也

按馬蹄甲厚則不能行畜馬者去其蹄甲之厚乃能行獝人之去手足

之爪便于行事也故為薄蹄鄭曰柔在下故蹄薄不厚

為曳

宋氏衷曰水摩地而行故曳孔疏乾震坎皆以馬喻乾至健震至動坎

至行故皆可以馬喻坤則順艮則止巽亦順離文明而柔兑柔說故不

以馬為喻也惟坤利牝馬取其行不取其健故曰牝也坎亦取其行不

取其健皆外柔故為下首薄蹄曳也鄭曰陷而失健足行无力為曳

其于輿也為多眚

虞氏翻曰眚敗也坤為大車坎折坤體故為多眚也王氏廙曰眚病也

鄭曰行險而勞卦象上下皆缺口故其于輿為多眚

為通

虞氏翻曰水流瀆故通也吳氏澄曰一陽貫于二陰之中也鄭曰上下

皆虛流而不滯故通

為月

鄭氏玄曰月臣象也虞氏翻曰坤為夜以坎陽光坤故為月也按坎之

月與離之日相對鄭曰水之精為月

為盜

虞氏翻曰水行潛竊故為盜也鄭曰陽剛伏陰中而能陷人為盜

其於木也為堅多心

虞氏翻曰陽剛在中故堅多心棘棗屬也鄭曰陽剛在中故于木為堅

多心本虞氏說按水生木水之生木也從木心生故木心有輪如水紋

木經一歲則生一輪生心堅之至也

荀九家有為宮為律為可為棟為叢棘為狐為蒺藜為桎梏

離為火

崔氏憬曰取卦陽在外象火之外照也邵子曰火內暗而外明故離陽

在外水外暗而內明故坎陽在內鄭曰離麗也麗木而生爲火

爲日

荀氏爽曰陽外光也孔疏曰是火精鄭曰火之精麗乎天爲日

爲電

鄭氏玄曰取火明也久明似日暫明似電也孔疏電火類鄭曰火之光

麗於雲爲電

爲中女

荀氏爽曰柔在中也鄭曰再索而得女爲中女

爲甲胄

虞氏翻曰外剛故爲甲乾爲首巽繩貫甲而在首上故爲胄胄兜鍪也

按虞氏之說以離之初爻言也孔疏甲胄取剛在外鄭曰剛在外則外

堅故為甲冑

為戈兵

虞氏翻曰乾為金離火斷乾燥而煉之故為戈兵也孔疏戈兵取以剛

自衛鄭曰火上炎則上銳為戈兵

其於人也為大腹

虞氏翻曰象日常滿如妊身婦故為大腹乾為大也孔疏大腹懷陰氣

也鄭曰中空虛故大腹

為乾卦

乾音十董作幹卦鄭氏玄曰乾當為幹陽在外能幹正也虞氏翻曰火

日熹燥物為乾卦也孔疏乾卦取其日所烜也鄭曰火性燥為乾也按

乾與乾意相同離之後天即乾之先天中爻變猶坤之陰疑于陽必戰

坎為血卦即坤之其血玄黃也此則陽疑于陰即為乾卦乾金燥故為

一二十六

乾卦坎爲水血之象離爲日爲火日暴火烈乾之象

爲鼈爲蟹爲蠃爲蚌爲龜

鄭氏玄曰皆骨在外虞氏翻曰此五者皆取外剛內柔也孔疏皆取剛

在外鄭曰外剛內柔象乎介蟲離得坤中之黃其物介而有黃者爲鼈

爲蟹形銳善麗且圓轉而上尖爲蠃內虛含明爲蚌文明含智爲龜按

鄭說釋象頗合然意有未盡離日中爲市此五者市中之數見物也且

蚌龜古時可作貨幣亦市中需要之物也此皆水族而龜爲玄武宜屬

坎今屬離取月之對爲日也

其于木也爲科上槁

宋氏衷曰陰在內則空中木中空則上科藁也鄭氏玄曰科上者陰在

內爲疾虞氏翻曰巽木在離中體大過死巽蟲食心故折也蠹魚食口

木故上藁或以離火燒巽故折上藁按虞氏以科爲折孔疏科空也陰

在內爲空木旣空中者上必枯槁也吳氏澄曰槁枯木木生則柔脆死

則堅剛鄭曰木之中空者上必槁火虛炎上之象

荀九家有爲牝牛

艮爲山

宋氏衷曰二陰在下一陽在上陰爲土陽爲木土積于下木生于上山之象也吳氏澄曰艮之下二陰地也上一陽隆起山也鄭曰一陽高出于二陰之上而止其所爲山

爲徑路

鄭氏立曰田間之道曰徑路艮爲之者取山間鹿兔之蹊王氏廙曰物始故爲徑路虞氏翻曰艮爲山中徑路震陽在初則爲大塗艮陽小故

爲徑路也鄭曰一陽塞于外不通大塗與震相反爲徑路

爲小石

春秋說題辭曰周易艮爲山爲小石石陰中之陽陽中之陰陰精輔陽

故山舍石石之爲言托也托立法也陸氏績曰艮剛卦之小爲小石者

也鄭曰堅而止于小山下爲小石

爲門闕

相連下畫雙峙而虛故爲門闕

虞氏翻曰乾爲門艮陽在門外故爲門闕兩小山闕之象也鄭曰上畫

爲果蓏

馬氏融曰果桃李之屬蓏瓜瓠之屬宋氏衷曰木實謂之果草實謂之

蓏桃李瓜瓞之屬皆出山谷也項氏安世曰震爲蕃爲蕃鮮草木之始

也艮爲果蓏草木之終也果蓏能終而又能始故于艮之象爲切鄭曰

得乾之上爻堅圓在上爲果蓏按成言乎艮果蓏物之成者也一陽在

上乾象也其形圓故震如蕙艮如果

為鼠

為閽寺

宋氏衷曰閽人主門寺人主巷艮為止此職皆掌禁止者也鄭曰禁止

人之出入者為閽寺

為指

鄭氏玄作小指亦通然艮為手指止于手亦小象也小指艮為少男也

虞氏翻曰艮手多節故為指鄭曰人能止物在指

為狗

虞氏翻曰指詘信制物故為拘拘舊作狗上已為狗字之誤按虞說非

詘信制物已包括指中何必另立一象至上已為狗象之與上重出者

甚多故下兌羊虞氏必改羔也艮之為狗與兌之為羊相對也虞氏喜

改字亦是一病鄭曰畜能守故為狗

虞氏翻曰似狗而小而坎穴中故爲鼠晉九四是也按虞氏上以狗爲

拘此則曰似狗而小何也鄭曰其剛在上如鼠剛在齒也

爲黔喙之屬

馬氏融曰黔喙肉食之獸謂豺狼之屬黔黑也陽玄在前也鄭氏玄曰

黔喙謂虎豹之屬貪冒之類取其爲山獸鄭曰黔黑色爲鳥喙之黑色

者其類不一按黔不可作黑色解黔同黚黚鉗也喙如黔獸之虎豹鳥

之鷹鸇皆屬之喙如黔猶山之有石也

其於木也爲堅多節

虞氏翻本无堅字謂陽剛在外故多節松柏之屬鄭曰陽在上剛而不

中故于木爲堅多節按木之堅多節者因木不生于平地而生山陵巖

石之間屈而不伸故堅多節

荀九家有爲鼻爲虎爲狐

宋氏衷曰陰在上令下溼故爲澤也虞氏翻曰坎水半見故爲澤鄭曰

坎水上入而下不洩爲澤

爲巫

虞氏翻曰乾爲神兌爲通與神通氣女故爲巫孔疏爲巫取口舌之官

也張氏栻曰巫以言語而悅神又以悅人鄭曰以歌悅神爲巫按巫者

女之賤業也且以口舌說人亦兌象也

爲口舌

虞氏翻曰兌爲震聲故爲口舌孔疏口舌取西方于五事爲言也張氏

栻曰口舌以言而悅人以食而悅己鄭曰以言悅人者爲口舌兌爲口

爲悅也

爲毀折

虞氏翻曰二折震足故爲毀折孔疏秋物成孰稿稈之屬則毀折果蓏

之屬則附決鄭曰兌爲正秋八月萬木彫落其象上缺故爲毀折按兌

金上缺與乾金異因毀折而成兌故乾之九三曰惕日屬乾之上九曰

亢皆有毀折象

爲附決

虞氏翻曰乾體未圓故附決也孔疏見上張子曰內實而外附必決朱

氏震曰附者兌反艮也決者也陰盛陽微則陽附陰陽盛陰微則陰

決陽剝一陽五陰夬一陰五陽故曰剛決柔鄭曰柔附剛爲附決按附

者物之附于地也秋孰時物之直者故毀折物之垂者故附決

其于地也爲剛鹵

虞氏翻曰乾二陽在下故剛澤水潤下故鹹朱氏仰之曰取金之剛不

生也剛鹵之地不生物故爲剛鹵者也鄭曰流水甜而止水鹹兌澤止

286

水凝而至堅爲剛鹵按海濱澤畔之地不生草木剛鹵象也時至秋萬

物成執毀折附決地无萬物亦剛鹵象也

爲妾

虞氏翻曰三少女位賤故爲妾孔疏妾少女從姊爲娣鄭云從嫡爲妾

爲羊

鄭氏玄羊作陽曰陽女使此陽謂養无家女行賃炊爨今時有之賤于

姜也此據朱氏震引鄭說陽女使此據項氏安世引鄭說而王氏應麟

鄭注則曰兌爲羊其畜妍剛鹵當以王氏所引爲正爲羊之象解者支

離百出若以羊爲女使則歸妹士刲羊不知當何解也虞氏翻曰羔女

使皆取位賤故爲羔舊讀以震驪爲龍艮拘爲狗兌羔爲羊皆已見上

此爲再出非孔子意也震已爲長男又言長子謂以當絕世守宗廟主

祭祀故詳舉之三女皆言長中幼明女子各當外成故別見之此其大

例也按虞氏以再出者改竄之曰舊讀是當時舊讀較虞氏為古似當

以舊讀為宜男與子古无別虞氏以長子三女再出曲為解釋致此章

之言象取其可見者之物在孔子表而出之何嘗訂定體裁如乾天坤

地震雷巽風坎水離火艮山兌澤皆再出也乾君離曰乾馬坤牛兌口

亦皆再出也宗虞易者无以辨每曰乾天坤地本象也然本象兩字出

于胡氏煦之附會宗漢者必排胡而本象兩字必奉為圭臬何也說易

不可分漢宋求其當而已卽田夫野老之言有裨于經者亦當取之何

斷斷於漢宋也項氏安世曰羊虞氏作羔鄭氏作羊皆訓為女使然則

姜也少女也皆女之末者也凡兌之象皆屬末口舌者行之末姜者

女之末也按項氏之說亦不過曲解羔羊兩字為婢姜而已鄭曰外說

内很為羊此象羊字不如仍從兌為羊之為得也

荀九家有為常為輔頰

得求諸位位不得求諸互互不得求諸錯綜錯綜不得求諸大象可也

乾言馬震坎亦言馬震坎者乾之一索再索也即因位而生象也若置

此不講何由知象更有先後天之交互或爻辰或五行或干支或節候

此又不可不知者也盈天地之間惟人與萬物而已艮无人象然徑路

人之所履也門闕閽寺人之所處也盈天地物也物有植有動

言植者諸卦中乾為木果震為旉為蒼筤竹為萑葦其于稼也為反生

為蕃鮮巽為木坎其于木也為堅多心離其於木上槁艮為果

蓏其于木也為堅多節坤兑二卦雖未明言木而明明有木在焉坤為

柄柄者木植于地之形也兑為毀折為附決皆言木之成熟之時也此

皆言動物惟巽无之然巽為風風者蠱之所自出也故山風為蠱八卦

中有卦字者巽之躁卦坎之血卦離之乾卦是也此卦字由先後天而

來故孔子不虛下諸卦中言究者僅震巽二卦因長男長女皆在一索

其究竟皆可再索三索者也或謂諸象求之於經不盡合若識得成象

之理求之于經无不相合也諸家言象最繁者爲朱氏震漢上易傳如

端木國瑚周易指他釋頗詳此章獨略其可據者有李氏鼎祚周易集

解孔氏穎達疏項氏安世周易玩辭吳氏澄易纂言近人鄭氏本玉讀

易輯要撫取諸家之說彙聚而觀頗便初學故全錄之附以案語正其

疑誤者而已

序卦傳

序卦上下兩篇上經爲一篇下經爲一篇孔疏韓康伯云序卦之所明

非易之蘊也蓋因卦之次托象以明義不取深縕之義故云非易之縕

故以取其人理也今驗六十四卦二二相偶非覆即變覆者表裏視之

遂成兩卦變者反覆唯成一卦則變以對之按覆即綜變即錯六十四

四卦錯者八綜者五十有六序者爲六十四卦之次序可以按其序知

人事之嬗變焉

有天地然後萬物生焉盈天地之間者唯萬物故受之以屯屯者盈也屯

者萬物之始生也物生必蒙故受之以蒙蒙者物之穉也物穉不可不養

也故受之以需需者飲食之道也飲食必有訟故受之以訟訟必有衆故

受之以師師者衆也衆必有所比故受之以比比者比也比必有所畜故

受之以小畜物畜然後有禮故受之以履履者禮也履然後安故受之以

泰泰者通也物不可以終通故受之以否物不可以終否故受之以同人

與人同者物必歸焉故受之以大有有大者不可以盈故受之以謙有大

而能謙必豫故受之以豫豫必有隨故受之以隨以喜隨人者必有事故

受之以蠱蠱者事也有事然後可大故受之以臨臨者大也物大然後可

觀故受之以觀可觀而後有所合故受之以噬嗑噬嗑者合也物不可以苟

易學經典文庫

合而已故受之以賁賁者飾也致飾而後亨則盡矣故受之以剝剝者剝

也物不可以終盡剝窮上反下故受之以復復則不妄矣故受之以无妄

有无妄然後可畜故受之以大畜物畜然後可養故受之以頤頤者養也

不養則不可動故受之以大過物不可以終過故受之以坎坎者陷也陷

必有所麗故受之以離離者麗也

有天地然後有萬物有萬物然後有男女有男女然後有夫婦有夫婦然

後有父子有父子然後有君臣有君臣然後有上下有上下然後禮義有

所錯夫婦之道不可以不久也故受之以恆恆者久也物不可以久居其

所故受之以遯遯者退也物不可以終遯故受之以大壯物不可以終壯

故受之以晉晉者進也進必有所傷故受之以明夷夷者傷也傷于外者

必反于家故受之以家人家道窮必乖故受之以睽睽者乖也乖必有難

故受之以蹇蹇者難也物不可以終難故受之以解解者緩也緩必有所

失故受之以損損而不已必益故受之以益益而不已必決故受之以夬

夬者決也決必有遇故受之以姤姤者遇也物相遇而後聚故受之以萃

萃者聚也聚而上者謂之升故受之以升升而不已必困故受之以困

困乎上必反下故受之以井井道不可不革故受之以革革物者莫如鼎故

受之以鼎主器者莫如長子故受之以震震者動也物不可以終動止之

故受之以艮艮者止也物不可以終止故受之以漸漸者進也進必有所

歸故受之以歸妹歸其所得者必大故受之以豐豐者大也窮大者必失

其居故受之以旅旅而无所容故受之以巽巽者入也入而後說之故受

之以兌兌者說也說而後散之故受之以渙渙者離也物不可以終離故

受之以節節而信之故受之以中孚有其信者必行之故受之以小過有

過物者必濟故受之以既濟物不可窮也故受之以未濟終焉

漢儒言卦理莫不由序卦之說引而伸之觸類而長之者也或疑序卦

不言乾坤不思此文開始即曰有天地天地即乾坤也然後有萬物即

陰陽之變化由乾坤生出六十二卦也讀者神而明之一部周易二語

包括殆盡矣

雜卦傳

雜卦皆言中爻非言覆變也全文爲有韻之文韓康伯曰雜卦者雜揉

衆卦錯綜其義或以同相類或以異相明也

乾剛坤柔比樂師憂臨觀之意或與或求屯見而不失其居蒙雜而著震

起也艮止也損益盛衰之始也大畜時也无妄災也萃聚而升不來也謙

輕而豫怠也噬嗑食也賁无色也兌見而巽伏也隨无故也蠱則飭也剝

爛也復反也晉晝也明夷誅也井通而困相遇也咸速也恆久也渙離也

節止也解緩也蹇難也睽外也家人內也否泰反其類也大壯則止遯則

退也大有衆也同人親也革去故也鼎取新也小過過也中孚信也豐多

故也親寡旅也離上而坎下也小畜寡也履不處也需不進也訟不親也

大過顛也姤遇也柔遇剛也漸女歸待男行也頤養正也既濟定也歸妹

女之終也未濟男之窮也夬決也剛柔決也君子道長小人道消也

雜卦傳所繫者雖數字然全卦之理數象三者包括殆盡如比樂師憂

坎爲憂象比師二卦均有坎何以一爲樂一爲憂此辨是與非非知中

爻不可比卦中爻有艮艮止也止其憂則樂矣師卦中爻有震震動也

動則出險惟上坤中爻亦爲坤坤土也厚能載物非木所能害險仍不

能出也故爲憂以下諸卦類推之可也雜卦中最難解者爲兌見巽伏

震起艮止四者此之謂四通言先天之位兌見矣震起矣至後天之位

巽卽兌位故曰伏其義以巽伏于兌位也其中爻明明有兌在焉卽

震位艮爲後天最終之數故曰止其義以艮止于震位也其中爻明明

有震在焉兌見者兌之中爻爲離離爲目故見也震起者震之中爻爲

序卦物不可窮也之旨

位離者先天之乾位今未濟上卦離本窮也然震之長子代父主器即

濟在下經之末卦雖窮其道猶未窮也上九變而為震震者先天之離

女也為六十四卦之終又為歸魂之終故曰女之終未濟男之窮也未

上下兩經无異歸妹女之終也後天卦位終于兌兌宮終于歸妹兌少

夬三卦皆互乾頤互坤歸妹與未濟皆互坎離自乾坤始而坎離終與

速也至大過以下中爻不備蓋此雜卦而互體又其最雜者也大過姤與

每以速為疑咸者人心之相感感應最速故咸之九三曰憧憧往來即

坎坎陷也下互艮艮止也陷而有止而兩震動之故起也如咸速也人

書名：周易易解（原版）（下）
系列：易學經典文庫
原著：【清】沈紹勳（竹礽）
主編・責任編輯：陳劍聰

出版：心一堂有限公司
通訊地址：香港九龍旺角彌敦道六一〇號荷李活商業中心十八樓〇五一〇六室
深港讀者服務中心：中國深圳市羅湖區立新路六號羅湖商業大廈負一層〇〇八室
電話號碼：(852) 67150840
網址：publish.sunyata.cc
淘宝店地址：https://shop210782774.taobao.com
微店地址： https://weidian.com/s/1212826297
臉書： https://www.facebook.com/sunyatabook
讀者論壇： http://bbs.sunyata.cc

香港發行：香港聯合書刊物流有限公司
地址：香港新界大埔汀麗路36號中華商務印刷大廈3樓
電話號碼：(852) 2150-2100
傳真號碼：(852) 2407-3062
電郵：info@suplogistics.com.hk

台灣發行：秀威資訊科技股份有限公司
地址：台灣台北市內湖區瑞光路七十六巷六十五號一樓
電話號碼：+886-2-2796-3638
傳真號碼：+886-2-2796-1377
網絡書店：www.bodbooks.com.tw
心一堂台灣國家書店讀者服務中心：
地址：台灣台北市中山區松江路二〇九號1樓
電話號碼：+886-2-2518-0207
傳真號碼：+886-2-2518-0778
網址：http://www.govbooks.com.tw

中國大陸發行　零售：深圳心一堂文化傳播有限公司
深圳地址：深圳市羅湖區立新路六號羅湖商業大廈負一層008室
電話號碼：(86)0755-82224934

版次：二零一八年四月
裝訂：上下二冊不分售

定價：　港幣　　　三百八十元正
　　　　新台幣　　一千四百八十元正

國際書號 ISBN 978-988-8316-29-8

心一堂微店二維碼　　心一堂淘寶店二維碼